分県登山ガイド 08

栃木県の山

小島守夫・上杉純夫・仙石富英 著

山と溪谷社

分県登山ガイド 08
栃木県の山

目次

●本文地図主要凡例●

紹介するメインコース。

本文か脚注で紹介しているサブコース。一部、地図内でのみ紹介するコースもあります。

Start Goal Start Goal 225m 出発点／終着点／出発点・終着点の標高数値。

管理人在中の山小屋もしくは宿泊施設。

紹介するコースのコースタイムのポイントとなる山頂。

コースタイムのポイント。

管理人不在の山小屋もしくは避難小屋。

1 三本槍岳
1 朝日岳
茶臼岳 1
白笹山 2
2 南月山
男鹿岳
北温泉
大丸温泉
弁天温泉
八幡温泉
那須湯本温泉
新那須温泉
板室温泉
黒滝山 3
留賀岳
3 百村山
5 弥太郎山
6 安戸山
大網温泉
塩釜温泉
福渡温泉
古町温泉
畑下温泉
西郷村
泉崎村
中島村
矢吹IC
しんしらかわ
しらかわ
白河IC
白河市
くたの
阿武隈川
しらさか
いわきしいしかわ
浅川町
いわきあさかわ
棚倉町
いわきたなくら
道の駅「那須高原友愛の森」
那須IC
くろだはら
那須町
道の駅「明治の森・黒磯」
くろいそ
那須塩原市
道の駅「湯の香しおばら」
西那須野塩原IC
なすしおばら
道の駅「東山道伊王野」
八溝山
塙町
いわきはなわ
道の駅「那須野が原博物館」
にしなすの
道の駅「那須与一の郷」
大田原市
矢祭町
ひがしだて
東北自動車道
のざき
やいた
矢板市
道の駅「やいた」
塩谷町
矢板IC
かたおか
箒川
馬頭温泉
広瀬温泉
那珂川町
しものみや
ひたちだいご
大子町
道の駅「ばとう」
東北本線
喜連川温泉
道の駅「きつれがわ」
47 本山（篠井富屋連峰）
うじいえ
さくら市
上河内町
鞍掛山
道の駅「うつのみやろまんちっく村」
東北新幹線
烏山線
おおがね
那須烏山市
からすやま
さいがね
水郡線
久慈川
茨城県
ほうしゃくじ
河内町
高根沢町
宇都宮IC
賀志山
おかもと
やまがたじゅく
宇都宮市
うつのみや
日光線
那珂川
道の駅「サシバの里いちかい」
市貝町
道の駅「はが」
芳賀町
いちはな
もてぎ
茂木町
道の駅「もてぎ」
常陸大宮市
ひたちおおみや
常陸太田市
ひたちおおた
うりづら
つるた
東武宇都宮線
宇都宮上三川IC
道の駅「みぶ」
おもちゃのまち
壬生IC
いしばし
上三川町
きたもおか
真岡IC
もおか
真岡市
ましこ
益子町
道の駅「ましこ」
50 鶏足山
50 焼森山
51 雨巻山
城里町
ひたちこうのす
那珂IC
那珂市
かみすがや
常磐自動車道
ひたちなか市
下野市
道の駅「しもつけ」
じちいだい
こがねい
道の駅「にのみや」
くげた
真岡鐵道
笠間市
かさま
水戸IC
常磐線
水戸市
みと
鹿島臨海鉄道
水戸線
桜川筑西IC
いわせ
笠間西IC
ししど
ともべ
友部JCT
北関東自動車道
水戸南IC
東水戸道路
おおあらい
吾国山
友部IC
筑西市
桜川市
加波山
いわま
岩間IC
茨城町西IC
茨城町東IC
涸沼
おやま
ゆうき
結城市
しもだて
289
4
118
400
461
293
294
349
408
123
355

栃木県の山
全図

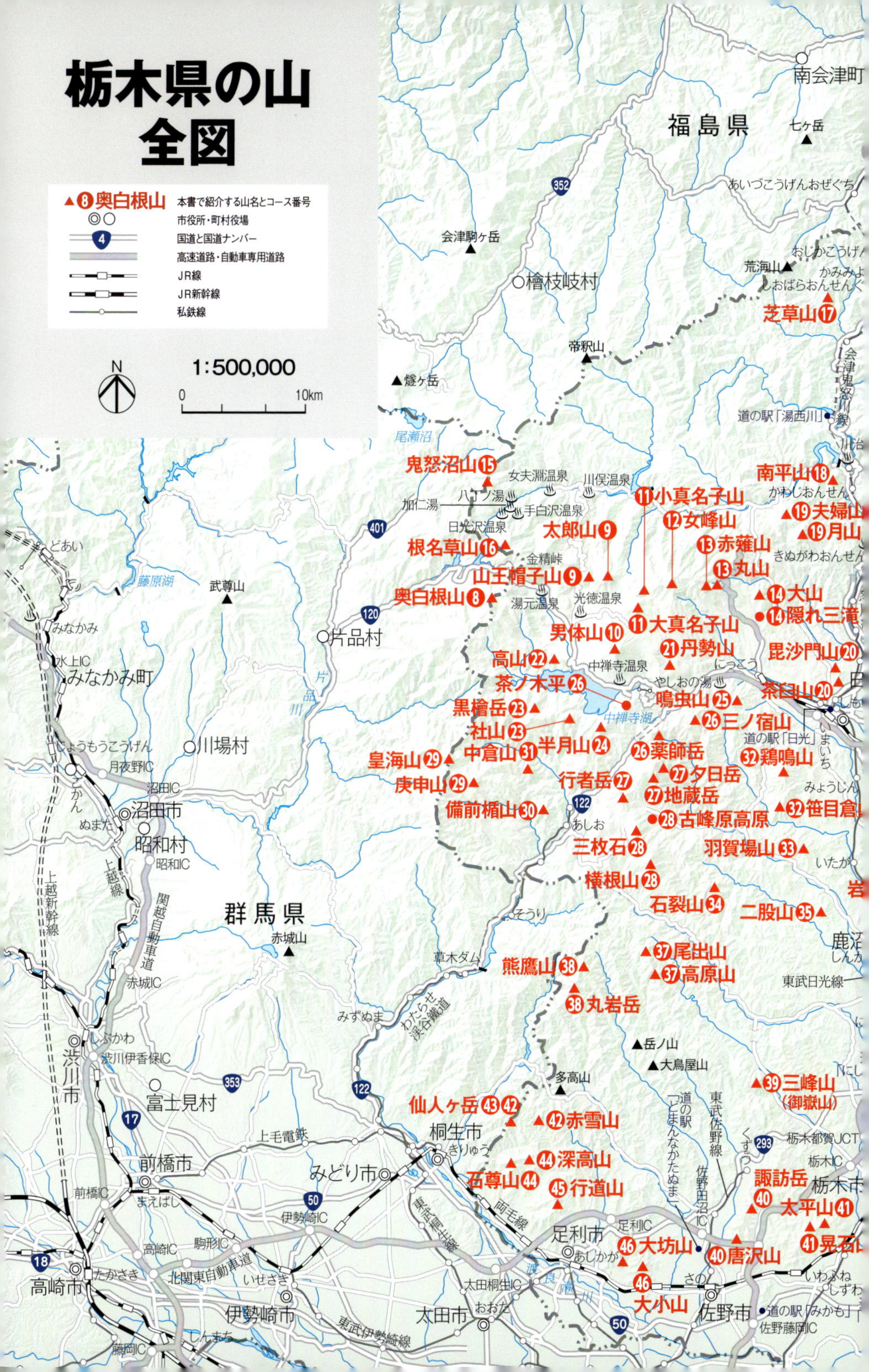

▲8奥白根山 本書で紹介する山名とコース番号
◎○ 市役所・町村役場
国道と国道ナンバー
高速道路・自動車専用道路
JR線
JR新幹線
私鉄線
N
1:500,000
0
10km
福島県
群馬県
南会津町
七ヶ岳
あいづこうげんおぜぐち
会津駒ヶ岳
檜枝岐村
荒海山
帝釈山
燧ヶ岳
尾瀬沼
道の駅「湯西川」
鬼怒沼山15
女夫淵温泉
川俣温泉
八丁ノ湯
加仁湯
手白沢温泉
日光沢温泉
芝草山17
南平山18
かわじおんせん
19夫婦山
19月山
きぬがわおんせん
11小真名子山
12女峰山
13赤薙山
13丸山
14大山
14隠れ三滝
太郎山9
根名草山16
金精峠
山王帽子山9
奥白根山8
湯元温泉
光徳温泉
11大真名子山
男体山10
21丹勢山
毘沙門山20
茶臼山20
高山22
中禅寺温泉
にっこう
やしおの湯
茶ノ木平26
中禅寺湖
鳴虫山25
26三ノ宿山
黒檜岳23
社山23
半月山24
中倉山31
26薬師岳
道の駅「日光」
32鶏鳴山
皇海山29
庚申山29
行者岳27
27夕日岳
27地蔵岳
備前楯山30
32笹目倉山
28古峰原高原
あしお
三枚石28
羽賀場山33
横根山28
石裂山34
二股山35
武尊山
藤原湖
片品村
片品川
水上IC
みなかみ町
じょうもうこうげん
月夜野IC
川場村
沼田IC
沼田市
ぬまた
昭和村
昭和IC
上越線
上越新幹線
関越自動車道
赤城山
赤城IC
そうり
草木ダム
わたらせ渓谷鐵道
みずぬま
熊鷹山38
38丸岩岳
37尾出山
37高原山
東武日光線
鹿沼
岳ノ山
大鳥屋山
多高山
39三峰山（御嶽山）
しぶかわ
渋川伊香保IC
渋川市
富士見村
仙人ヶ岳43 42
42赤雪山
道の駅「どまんなかたぬま」
東武佐野線
栃木都賀JCT
栃木IC
上毛電鉄
桐生市
きりゅう
みどり市
44深高山
石尊山44
45行道山
諏訪岳40
太平山41
栃木市
前橋市
前橋IC
まえばし
伊勢崎IC
東武桐生線
両毛線
足利IC
足利市
あしかが
46大坊山
40唐沢山
41晃石山
佐野田沼IC
高崎IC
駒形IC
北関東自動車道
高崎市
たかさき
いせさき
伊勢崎市
太田桐生IC
太田市
おおた
渡良瀬川
46大小山
佐野市
さの
いわふね
道の駅「みかも」
佐野藤岡IC
東武伊勢崎線
しんまち
藤岡IC

概説 栃木県の山

小島守夫

栃木県は関東平野の北部に位置する。県の北部には帝釈《たいしゃく》山地、那《な》須《す》火山群、それに連なる高原《たかはら》火山群がある。西部から南西部にかけては群馬県に境を接する日光《にっこう》火山群、足尾《あしお》山地の山々が連なる。中央部には足尾山地の東端部にあたる古賀志山《こがしやま》などがある。東部は茨城県との境に八溝山《やみぞさん》を盟主とする八溝山地の山々が並ぶ。春の新緑、湿原や高原を彩る花々、山肌を染める紅葉など魅力的な山が多い。それに加えて各地の山麓には登山の疲れをいやしてくれる多くの温泉がある。これも栃木県の山の魅力のひとつである。

●山域の特徴

●那須・塩原の山　那須の山々は、現在も盛んに山腹から噴煙を上げる「日本百名山」の茶臼岳《ちゃうすだけ》を盟主とする那須火山群があり、太平洋に注ぐ那珂《なか》川、阿武隈《あぶくま》川と日本海に注ぐ阿賀野《あがの》川の分水嶺になっている。北の三本槍岳《さんぼんやりだけ》は、名前からは尖った山を想像させるが、実際は穏やかな山容で、山名の由来は黒羽《くろばね》、会津、白河《しらかわ》の三藩が領地確認のために三本の槍を立てたとの故事による。最近はマウントジーンズスキー場のゴンドラを利用し、中《なか》ノ大倉《おおくら》尾根のシロヤシオを訪ねるハイカーも多くなっている。アルペン的な山容から朝日岳《あさひだけ》は「ニセ穂高《ほたか》」ともよばれている。南には穏やかな山容の南月山《みなみがっさん》、白《しら》笹山《ささやま》が連なる。麓の登山口まで車道が通じているほか、茶臼岳へのロープウェイもあり、冬季を除けば比較的登りやすいので、多くの登山者が訪れている。

一方、男鹿《おが》山塊の山々は、原生林に覆われて魅力的ではあるが、アプローチや登山道の問題などから一部を除いて限られた登山者のみに許された領域である。黒滝山《くろたきさん》や塩原《しおばら》側に登山口のある日留賀《ひるが》岳《だけ》、弥太郎山《やたろうやま》、安戸山《やすとやま》には登山道がつけられ、安全な登山を楽しむことができる。特に日留賀岳は男鹿山塊や南会津の山々の展望台にもなっている。

本書では紹介していないが、奥那須の流石山《ながれいしやま》、三倉山《みくらやま》、大倉山《おおくらやま》は、展望の尾根歩きと流石山のニッコウキスゲの大群落がすばらしい。しかし、アプローチが長いなどの問題で、福島県側から大《おお》峠を経由する入山者が多い。鬼怒川源流域の帝釈《たいしゃく》山地には荒海山《あらかいさん》、田代山《たしろやま》、帝釈山、台倉高山《だいくらたかやま》などの魅力的な山が多いが、登山道の関係でいずれも福島県側から登られている。

塩原の南にある高原山《たかはらやま》（釈迦《しゃか》ヶ岳《たけ》、鶏頂山《けいちょうさん》など）は、初夏に咲く

盛夏の鬼怒沼湿原

男体山山頂からの展望、中禅寺湖を眼下に、遠く皇海山も見える

レンゲツツジやシロヤシオの花と展望の山として知られている。日《にち》塩《えん》もみじラインと矢板《やいた》市の大間々《おおまま》からが主要なルートである。

●日光の山　「日本百名山」で、関東以北最高峰の白根山《しらねさん》は高峰登山の雰囲気を味わうことができる。金精《こんせい》峠から温泉《ゆせん》ヶ岳《たけ》、根名草山《ねなくさやま》を経て奥鬼怒《おくきぬ》温泉郷にいたるコースは尾根歩きと温泉を満喫できる。

また、天応2（782）年に勝道上人によって開山された山岳信仰の山・男体山《なんたいさん》と女峰山《にょほうさん》にはさまれた大真名子山《おおまなごさん》、小真名子山《こまなごさん》はシラビソやコメツガなどの針葉樹に覆われて幽玄の境地に浸ることができる。これら2000メートル級の表日光連山は関東平野からも遠望できる日光を代表する山々である。戦《せん》場《じょう》ヶ原《はら》の北には火山特有の景観で存在感を示している太郎山《たろうさん》、男体山を湖面に映す中禅寺湖《ちゅうぜんじこ》、それをめぐる半月山《はんげつさん》、社山《しゃざん》、黒檜岳《くろびだけ》など多種多様な山が連なる。日光の山々は交通の便にも恵まれ、登山を堪能することができる。

日光市北部には会津《あいづ》の山々にもほど近い芝草山《しばくさやま》、川治《かわじ》温泉に接する南平山《なんだいらやま》、夫婦山《めおとやま》、月山《がっさん》がある。また、今市《いまいち》市街地の北には気軽に登れる茶臼山《ちゃうすやま》、毘沙門山《びしゃもんやま》がある。日光市街地に近い鳴虫山《なきむしやま》は駅から登れる手軽な山として首都圏からも多くの登山者を迎えている。日光の北には鬼怒《きぬ》川の源流、鬼怒沼《きぬぬま》を抱える鬼怒沼山《きぬぬまやま》があり、歩く人の少なくなった尾瀬《おぜ》への道の傍らに静けさを保っている。また、同じ源流域の明神《みょうじん》ヶ岳《たけ》周辺の山々は深山の趣が濃く、おすすめだが、登山道が整備されていないので経験者向きである。

紅葉の姥ヶ平から望む那須・茶臼岳

●前日光・足尾の山　日光国立公

園の南に隣接する前日光県立自然公園内の北部には薬師岳《やくしだけ》、三《さん》ノ宿《しゅく》山《やま》、夕日岳《ゆうひだけ》、地蔵岳《じぞうだけ》、行者岳《ぎょうじゃだけ》などがある。修験者が行き交った「禅頂行者の道」には竜《りゅう》ノ宿《しゅく》、掛合《かけあいの》宿《しゅく》などの宿跡も残され、現在登山コースとして整備されている。南部の古峰原《こぶがはら》高原や横根山《よこねやま》はツツジの名所として知られている。東部には低山だが、鎖場などスリルのある石裂山《おざくさん》がある。

また、同公園内の登山コースには山岳信仰の跡が点在し、山麓に勝道上人ゆかりの古峯《ふるみね》神社、加蘇《かそ》山《さん》神社がある。そのほか、この地域には鶏鳴山《けいめいざん》や1等三角点のある羽賀場山《はがばやま》、岩登りのゲレンデとして知られている岩山《いわやま》などがある。

足尾には奇岩怪石とコウシンソウで有名な庚申山《こうしんざん》、その奥の院の皇海山《すかいさん》があるが、百名山ブームで多くの登山者が利用していた群馬県側の不動沢《ふどうさわ》経由のコースは、栗《くり》原川《はらがわ》林道閉鎖により通行不能。庚申山から鋸十一帽（峰）をたどるコースでしか登ることができなくなっている。また庚申山の東にのびる尾根上には、展望の山として近年登る人が増えた中倉山《なかくらやま》がある。

●栃木・足利周辺の山　足尾山地は高度を下げながら安蘇《あそ》、足利《あしかが》、栃木方面に広がっている。標高はそれほど高くないが、安蘇山塊の根本山《ねもとやま》、熊鷹山《くまたかやま》などはアカヤシオを求めて多くの登山者が訪れる。勝道上人の宿跡とされる尾出山《おでやま》や、足利市最高峰の仙人《せんにん》ヶ岳《たけ》、深《しん》高山《こうざん》、石尊山《せきそんさん》などは静かな尾根歩きが楽しめる。また、栃木市近郊の桜の名所である太平山《おおひらやま》、佐野《さの》市の唐沢山《からさわやま》は春の花の時期に訪ねるとよい。信仰の山、三峰山《みつみねさん》は鍾乳洞や鎖場など変化に富んでいる。山麓に春一番の花、セツブンソウ

日光・霧降のつつじヶ丘に咲く満開のヤマツツジ

丸山・天空回廊の途中からニッコウキスゲの群生地を見下ろす

色づきはじめた初秋の男体山三合目付近の紅葉

美瀑として人気の霧降川・玉簾滝

冬の戦場ヶ原から望む太郎山

やロウバイなどが咲く。

●八溝・宇都宮周辺の山　足尾山地の東端、県中央部の宇都宮《うつのみや》県立自然公園内にある古賀志山はクライミングゲレンデとして知られている。市街地から近く、カタクリやヒカゲツツジの群落もあり、手ごろなハイキングが楽しめるので、多くのハイカーを迎えている。山麓の宇都宮市森林公園も週末には家族連れでにぎわっている。また、日光街道（国道119号）に沿った本山《もとやま》をはじめとする篠井富屋《しのいとみや》連峰は宇都宮アルプスともよばれ、親しまれている。茨城県境の八溝山を盟主とする八溝山地の山々は低山ではあるが、登山道の整備された雨巻山《あままきやま》や焼森《やけもり》山《やま》、鶏足山《けいそくさん》などがある。

　本書では紹介していないが、関東ふれあいの道のコースにもなっている仏頂《ぶっちょう》山《さん》や展望のよい高峯《たかみね》などは、冬期の降雪もまれなので、冬の陽だまりハイクを楽しむには絶好の場所である。

本書の使い方

■日程　県内の主要都市を起点に、アクセスを含めて、初級クラスの登山者を想定した日程としています。

■歩行時間　登山の初心者が無理なく歩ける時間を想定しています。ただし休憩時間は含みません。

■歩行距離　2万5000分ノ1地形図から算出したおおよその距離を紹介しています。

■累積標高差　2万5000分ノ1地形図から算出したおおよその数値を紹介しています。は登りの総和、は下りの総和です。

■技術度　5段階で技術度・危険度を示しています。は登山の初心者向きのコースで、比較的安全に歩けるコース。は中級以上の登山経験が必要で、一部に岩場やすべりやすい場所があるものの、滑落や落石、転落の危険度は低いコース。は読図力があり、岩場を登る基本技術を身につけた中～上級者向きで、ハシゴやクサリ場など困難な岩場の通過があり、転落や滑落、落石の危険度があるコース。は登山に充分な経験があり、岩場や雪渓を安定して通過できる能力がある熟達者向き、危険度の高いクサリ場や道の不明瞭なやぶがあるコース。は登山全般に高い技術と経験が必要で、岩場や急な雪渓など、緊張を強いられる危険箇所が長く続き、滑落や転落の危険が極めて高いコースを示します。栃木県の山の場合はが最高ランクになります。

■体力度　登山の消費エネルギー量を数値化することによって安全登山を提起する鹿屋体育大学・山本正嘉教授の研究成果をもとにランク付けしています。ランクは、①歩行時間、②歩行距離、③登りの累積標高差、④下りの累積標高差に一定の数値をかけ、その総和を求める「コース定数」に基づいて、10段階で示しています。が1、が2となります。通常、日帰りコースは「コース定数」が40以内で、～（1～3ランク）。激しい急坂や危険度の高いハシゴ場やクサリ場などがあるコースは、これに～（1～2ランク）をプラスしています。また、山中泊するコースの場合は、「コース定数」が40以上となり、泊数に応じて～もしくはそれ以上がプラスされます。栃木県の山の場合はが最高ランクになります。

紹介した「コース定数」は登山に必要なエネルギー量や水分補給量を算出することができるので、疲労の防止や熱中症予防に役立てることもできます。体力の消耗を防ぐには、下記の計算式で算出したエネルギー消費量（脱水量）の70～80パーセント程度を補給するとよいでしょう。なお、夏など、暑い時期には脱水量はもう少し大きくなります。

	時間の要素		距離の要素		重さの要素
行動中のエネルギー消費量（kcal）＝	1.8×行動時間（h）	＋	0.3×歩行距離（km）＋10.0×上りの累積標高差（km）＋0.6×下りの累積標高差（km）	×	体重（kg）＋ザック重量（kg）
＊kcalをmlに読み替えるとおおよその脱水量がわかります	山側の情報 ―「コース定数」				登山者側の情報

01

那須連山の核心部をたどる

三本槍岳・朝日岳・茶臼岳

さんぼんやりだけ　1917m
あさひだけ　1896m
ちゃうすだけ　1915m

日帰り

歩行時間＝6時間55分
歩行距離＝10・7km

技術度
体力度

コース定数＝27
標高差＝533m
累積標高差　1040m　1040m

「那須岳《なすだけ》」という場合、一般的には茶臼岳を指すが、広い意味では那須連山の呼称である。那須連山の中の顕著なピークに対して那須五峰や那須五岳というよび方がある。この場合、那須岳を仰ぐ場所によって山名が若干異なるが、白《しら》笹山《ささやま》、黒尾谷岳《くろおやだけ》、茶臼岳、朝日岳、三本槍岳を指す場合が多い。

信仰登山の面からは南月山《みなみがっさん》がはずせないし、展望のよさなら隠居《いんきょ》倉《ぐら》が抜群である。那須の山の特徴がよく出ている三山を選定して、効率よく日帰り登山ができるコースを紹介しよう。

JR宇都宮《うつのみや》線（東北本線）黒磯《くろいそ》駅か東北新幹線那須塩原《しおばら》駅が登山の起点となる。ここから路線バスで那須ロープウェイ**山麓駅**まで行くのだが、マイカーの場合は、この先の**峠《とうげ》の茶屋《ちゃや》駐車場**まで入れる。山麓駅からこの駐車場までは歩いて約15分である。トイレ付き休憩所の建物を抜けて駐車場の階段を進み、登山届を記入していこう。那須岳には、場所名と現在地番号が記された道標が、数多く設置されている。これは、GPSを

■**鉄道・バス**
往路・復路＝JR東北本線黒磯駅または東北新幹線那須塩原駅から東野交通バス那須ロープウェイ行きに乗車。

■**マイカー**
東北自動車道那須ICから那須方面へ。峠の茶屋駐車場を利用。

■**登山適期**
5月上旬は残雪があるので注意が必要。6月初旬はミネザクラが満開となる。10月が紅葉のシーズンとなる。

■**アドバイス**
▽三斗小屋温泉に1泊すれば、那須五峰の全部をゆっくり楽しめる。旅館は2軒。大黒屋（☎0287・63・2988）、煙草屋（☎0287・69・0882）。
▽峰の茶屋跡避難小屋は緊急避難用で宿泊はできない。休憩には利用できる。ここから三斗小屋温泉へと下ると15分で避難小屋があり、ここは宿泊可能。ただし、トイレはない。

茶臼岳より望む三本槍岳への縦走路。右手のピークが朝日岳、中央後方のドーム形の山が三本槍岳

携帯トイレを持参して利用すること。
▽紅葉シーズンは大渋滞となるので、早朝から行動するのが望ましい。
▽往復とも那須ロープウェイを利用して茶臼岳、姥ヶ平、日の出平、南月山をめぐるだけでも楽しくすごせる。特に、姥ヶ平から仰ぐ紅葉の茶臼岳は絶品である。

姥ヶ平のひょうたん池と茶臼岳

▽牛ヶ首から殺生石へと下るコースは紅葉シーズンが特にすばらしい。

■問合せ先
那須町観光商工課☎0287・72・6918、東野交通黒磯営業所☎0287・62・0858、那須ロープウェイ☎0287・76・2449

■2万5000分ノ1地形図
那須岳・那須湯本

峰の茶屋跡避難小屋をあとに、朝日岳へ向かう。正面の剣が峰は右（東側）を巻いて朝日岳の肩へ

朝日岳の荒々しい姿が眼前に迫る

利用して那須山岳救助隊が一括管理し、安全登山に役立てている。

　登山口である山の神の鳥居をくぐり、林の中を登るとまもなく、展望が開けてくる。中の茶屋跡から右手に朝日岳を望める。鎖場もある登山道を直線的に**峰《みね》の茶屋跡避難小屋**へ向かう。

　この峠を越えて下ると三斗《さんど》小屋温泉へ行けるが、朝日岳へは右手に進む。剣《けん》が峰《みね》を横切り、鎖場を登ると、**朝日岳の肩**へ飛び出す。ここから**朝日岳**を往復してから**熊見曽根《くまみがそね》**へ北進する。

　隠居倉へは帰路に時間と体力に余裕があれば立ち寄ることにして、**清水平《しみずだいら》**へ進む。木道のある湿原をすぎると、ハイマツ帯で**北《きた》温泉分岐**に出合う。直進してドーム状の山を登れば、1等三角点のある**三本槍岳**で、那須連山の最高峰である。

　福島県側の展望を堪能したら、**峰の茶屋跡**へと引き返す。そして牛《うし》ヶ首《くび》方面へと行き、100㍍先の分岐を左に進んで登り、茶臼岳へ向かう。

　山頂の旧噴火口の縁の分岐へ出たら、左右のどちらへ進んでも**茶臼岳**頂上へ行ける。峰の茶屋跡へ戻る場合は、右手へ進み、お鉢周りをして山頂へ行くとよい。

　下山は、那須ロープウェイ山頂駅へと進むと、三角点のすぐ先で、峰の茶屋跡からの道に合流する。ここを右へたどれば山頂駅へ行けるが、途中の大岩《おおいわ》付近は慎重に下ろう。牛ヶ首分岐をすぎれば、**山頂駅**は近い。

　なお、スタートとゴールを逆にして歩いても行動時間はほぼ同じである。

（蓮實淳夫）

朝日岳の肩付近から見た茶臼岳。峠の茶屋からの登山道が見える

CHECK POINT

1 峠の茶屋駐車場がマイカーで入れる車道の終点。公衆トイレがある。この先、山中にはトイレがない

2 登山指導所で登山カードを記入する。このすぐ先が那須岳登山口で、山の神の鳥居をくぐって行く

3 中の茶屋跡をすぎると展望が開けてくる。右手に朝日岳、前方に峰の茶屋跡の鞍部に建つ避難小屋を望める

4 峰の茶屋跡避難小屋。緊急用の施設でトイレや水場はない。十字路になっている鞍部で、風が強い場所だ

5 峰の茶屋跡より隠居倉を望む。手前の谷へ下ると、三斗小屋温泉へ行ける

6 恵比須大黒岩の下部からは、鎖場のある岩場の登りとなる。落石を出さないよう慎重に登ろう

7 硫黄鉱山跡を直進すると牛ヶ首へ行く。茶臼岳へは左へ分岐して行く

8 茶臼岳山頂の祠。右手後方は、栃木・福島県境となる太平洋と日本海の分水嶺

9 那須ロープウエイ山頂駅（1684メートル）。売店、展望台、トイレがある。強風時は運休になるので注意すること

那須塩原市
下郷町
福島県
西郷村
那須町
養鱒公園駅へ
甲子山へ
流石山へ
北温泉へ
△1813
大峠
1524
1826
三本槍岳
1917
前岳
1702
1856
北温泉分岐
ハイマツ
清水平
1714
中ノ大尾根
1792
1900
熊見曽根
朝日岳の肩
朝日岳
1896
1816
鎖場
恵比寿大黒岩
避難小屋
1799
剣が峰
峰の茶屋跡避難小屋
牛ヶ首分岐
1678
中の茶屋
登山指導所
鬼面山
1616
峠沢
中ノ沢
赤岩沢
御沢
湯
1436
1260
1240
1389
1613
隠居倉
1819
三斗小屋温泉
大黒屋
煙草屋
温泉神社
1-2
1-3
1-4
1-5
1-6
1-7
0.35
0.30
0.15
0.10
0.20
0.50
0.40
1100
1200
1300
1400
1500
1600
1700
1800
1900

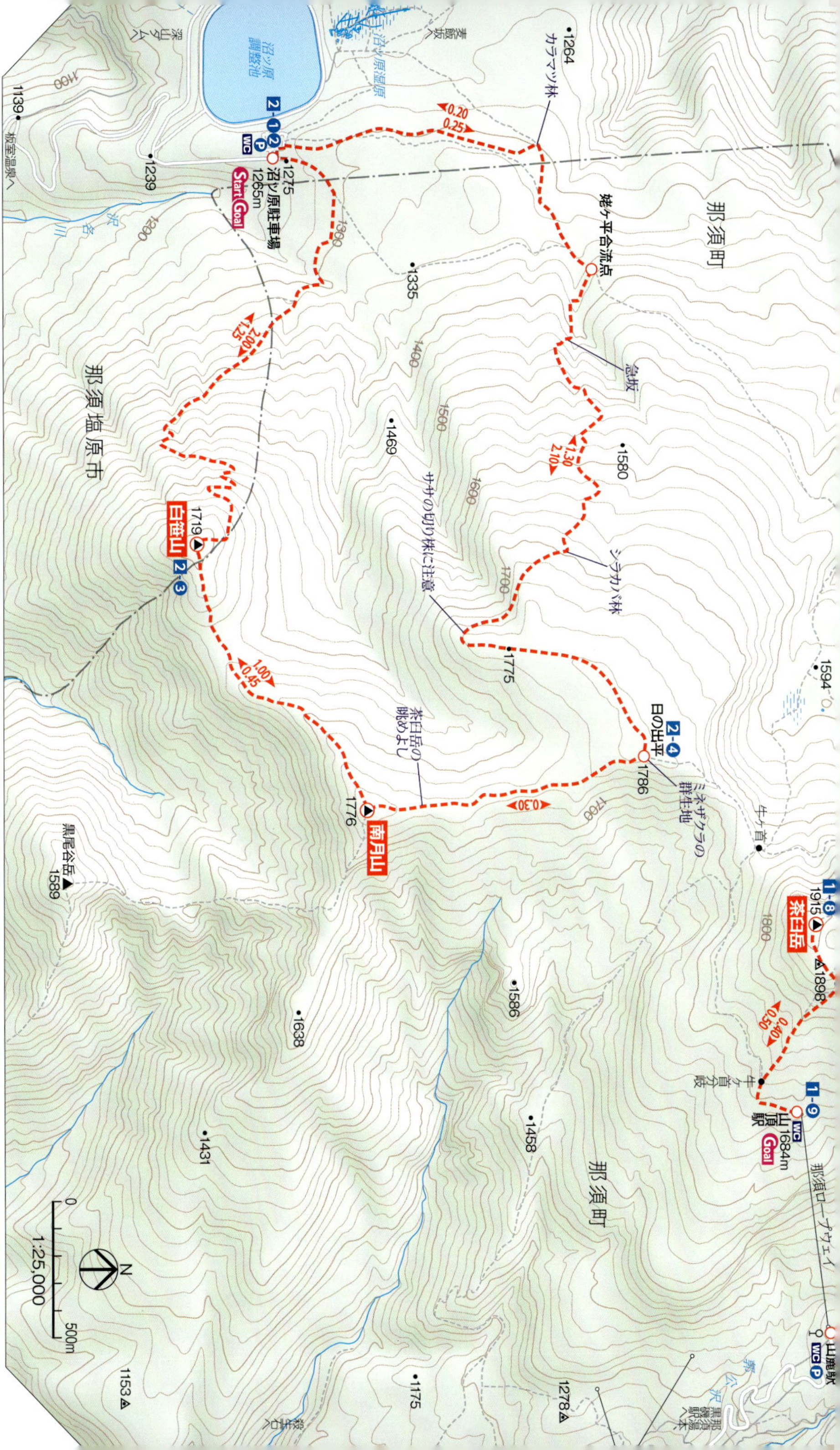

沼ッ原調整池
沼ッ原駐車場
1265m
Start
Goal
姥ヶ平合流点
カラマツ林
急坂
シラカバ林
ササの切り株に注意
白笹山
1719
南月山
1776
日の出平
1786
ミネザクラの群生地
茶臼岳の眺めよし
茶臼岳
1915
山頂駅
1684m
牛ヶ首分岐
牛ヶ首
山麓駅
那須ロープウェイ
黒尾谷岳
1589
那須町
那須塩原市
1:25,000
0
500m
N

02

白笹山・南月山

沼ッ原湿原を見守る穏やかな山

しらささやま　1719m
みなみがっさん　1776m
（最高地点＝1786m／日の出平）

日帰り
歩行時間＝5時間20分
歩行距離＝9・5km

技術度
体力度

コース定数	＝**19**
標高差	＝521m
累積標高差	↗ 660m　↘ 660m

沼ッ原湿原から見る白笹山とズミ

日の出平のミネザクラ。背景は茶臼岳

白笹山は那須《なす》連山の西端に位置する。山の裾野は古くから馬の放牧地として利用されていたことから、「駒太郎山《こまたろうやま》」ともよばれていた。那須から入って南月山を経て白笹山にいたるコースもあるが、ここでは沼《ぬま》ッ原《ぱら》から入り、白笹山、南月山、日《ひ》の出平《でだいら》を回って沼ッ原に戻るコースを紹介しよう。**沼ッ原駐車場**に車を置いたら、トイレの東側から出発する。小さな道標が白笹山へ誘う。ほどなく森林地帯に入り、沢名《さわな》川の上流を渡る。この沢は通常は涸れているが、雨が降ると鉄砲水が出るので注意したい。ここには単管パイプで架設した橋がかかっているが慎重に沢を渡ると、しばらく急登が続く。ひと休みしたくなるころ、春にはシロヤシオが、秋には紅葉が疲れをいやしてくれる。

やがて直登ぎみの道がヘアピンカーブとなり、背にしていた沼ッ原調整池が右下に、左下に見えてくる。北に白煙を上げる茶臼岳《ちゃうすだけ》が見えるようになると、大きく東に回りこむ。シャクナゲ、ドウダンツツジなどの中を身をかがめて進むと**白笹山**山頂だ。

山頂はひっそりとして狭く、木々に囲まれて展望はきかないが、山頂を越えると東に展望が開け、白笹山からの尾根が南月山に続いている様子が一望できる。

山頂をあとに東へ進み、少し下って、鞍部をすぎると再び登りとなる。シャクナゲの数が多くなり、木の丈がだんだん低くなって、や

■鉄道・バス
往路・復路＝JR東北本線黒磯駅または東北新幹線那須塩原駅からタクシーで約50分。
■マイカー
東北自動車道那須ICから那須ハイランドゴルフクラブ方面へ。ゴルフクラブ正門のほぼ向かいに、沼ッ原湿原への市道入口がある。沼ッ原駐車場を利用。
■登山適期
白笹山では5月下旬～6月にかけて、シロヤシオ、シャクナゲ、ミネザクラに彩られる。夏は南月山から日の出平のルート沿いにコキンレイカ、

がて**南月山**に着く。

　南月山の山頂には祠が祀られている。この地名は月山信仰の名残で茶臼岳を月山と見立てて信仰登山したことに由来するが、その南側の山の意味である。

　続いて、焼け跡のような黒い火山礫に覆われた尾根を北の日の出平に進む。この火山礫地帯は夏から初秋にイワインチンやハクサンオミナエシなどが群生する一帯だ。ミネザクラの名所として名高い**日の出平**には、木製のベンチがあるので休憩しよう。日の出平から見る茶臼岳は、山肌も荒々しく、豪快である。

　沼ッ原へは日の出平の分岐点から西に下る。シャクナゲ、ドウダンツツジ、ミネザクラの灌木やダケカンバ林の中を行くが、一本道なので迷うことはない。シロヤシオの斜面をヘアピンカーブで下ると、**姥《うば》ヶ平《だいら》からの道が合流**する。

　ここからは傾斜も緩やかになり、沼ッ原に続くカラマツ林を行くことになる。やがて道は二手に分かれ、左に折れれば10分ほどで**沼ッ原駐車場**だが、時間に余裕があれば直進して、沼ッ原湿原を散策するとよいだろう。　（渡部逸郎）

ズミの咲く沼ッ原の木道を行く。前方右は白笹山

CHECK POINT

起点の沼ッ原湿原駐車場。無料で、約100台駐車可能。トイレあり

駐車場から見た白笹山

白笹山の東側から南月山を望む

日の出平からは茶臼岳への道が分岐する。ここは湿原方向へ

イワインチンがみごと。紅葉は10月の沼ッ原周辺のカラマツがよい。

■アドバイス
▽マイカーの場合、夏休みや紅葉シーズン中は駐車場が早めに満車になるので、早朝着がおすすめ。
▽沼ッ原湿原は平成25年に木道が再整備され、ハイカーでにぎわっている。かつてはみごとなニッコウキスゲの群落が見られたが、近年はシカの食害で絶滅寸前となっている。
▽ブナやナラの巨木の林間を下る沼ッ原湿原から深山ダムへ下るコースも、秋の紅葉がすばらしくおすすめコースだが、車の回収が難点。
▽積雪期にスノーハイクで沼ッ原湿原を散策する登山者も増えている
▽下山後の温泉入浴は、板室温泉各旅館で可能。板室健康の湯グリーングリーン（☎0287・69・0232）も便利。

■問合せ先
那須塩原市役所☎0287・62・7111、那須町役場☎0287・72・6901、東野交通黒磯営業所☎0287・62・0858、那須合同自動車☎0287・62・0001、黒磯観光タクシー☎0287・62・1526、藤交通☎0287・63・0444、塩原タクシー☎0287・22・2121

■2万5000分ノ1地形図
那須岳

＊コース図は14～15㌻を参照。

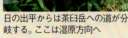

03

ゴヨウツツジと紅葉が美しい静かな山

百村山・黒滝山

もむらやま 1085m
くろたきさん 1754m

日帰り

歩行時間＝9時間10分
歩行距離＝14・0km

技術度
体力度

コース定数	＝**35**
標高差	＝1194m
累積標高差	↗1328m ↘1328m

河下山付近から見る黒滝山。コース中、唯一山頂が確認できる地点

黒滝山から那須野が原を俯瞰する

黒滝山、百村山は、男鹿《おが》山塊の最高峰・大佐飛山《おおさびやま》から東の那須野《なすの》が原《はら》へのびる稜線に位置している。北方の那須連山は登山者や観光客でにぎわうが、この山を訪れる人は少なく、静かな登山が楽しめる。

百村本田《もむらほんでん》集落の光徳寺《こうとくじ》への参道を右に見て、数十㍍進んだ青い屋根の納屋の手前の砂利道のところが**登山口**。標識はないので見落とさないようにしたい。

砂利道を進むと、「百村西水道記念碑」の手前から薄暗い杉林のジグザグ道となる。**木《き》ノ俣巻川《またまきがわ》林道**（舗装道路）を横切り、石段を登ると、ほどなく尾根道に出る。少し行くと右前方に塩那《えんな》道路、さらにその右奥に那須連山が望める場所がある。ここからいったん送電線の鉄塔まで登り、さらに登り下りを繰り返す。展望はないが、途中、カタクリやトリカブトが見られるところがある。

急登を登りきると3等三角点の**百村山**山頂にたどり着く。樹木に数枚の看板がつけられているだけで、わずかに東側に那須野が原が見わたせるところがある。

黒滝山までは落葉樹林の登山道で明瞭だが、夏には両側からササが覆いかぶさり、歩きにくいところが数箇所ある。ササの中の雑木

■鉄道・バス
往路・復路＝登山口まではバスの便がないので、マイカー利用となる。

■マイカー
東北自動車道黒磯板室ICから約20分。車は林道脇への路肩駐車となる（光徳寺に駐車させてもらうことも可能だ）。

■登山適期
新緑がはじまり、ゴヨウツツジが咲く時期と、紅葉の時が最高である。特に6月初旬から中旬にかけては、数箇所ある群生地はみごと。また、5月には百村山付近でカタクリが見られる。落葉の11月も那須連山をはじめ、周囲の山々が見わたせ、歩きやすい。夏場は身の丈以上のササに覆われる箇所もあり、避けた方が無難。林道木ノ俣巻川線付近ではサルに出会うことも多い。百村山から黒滝山にかけてはクマの出没にも注意。

5月、百村山に咲くカタクリ

■アドバイス
▽日帰りで光徳寺脇登山口から黒滝山を往復するのは、健脚者でないと困難なので、一般には前夜泊をし、早朝に出発することになる。中高年

林の道を進むと、「平成ブナ」の看板がついた**ブナの巨木**がある。急坂を登ると1470メートルと書かれた**サル山**だ。展望はあまりない。

　さらに落葉樹林の中を行くと名前のとおり那須連山が見わたせる**那須見台**に着く。サル山から那須見台にかけては、6月中旬にゴヨウツツジの群落が見られる。「黒滝山まで1時間30分」と書かれた看板があり、身の丈以上の深いササの直登を登りきると、大きなコメツガの木がある**山藤山**《やまふじやま》にたどり着く。看板には黒滝山まで1時間と書かれている。

　コメツガ、ゴヨウツツジ、シャクナゲの北斜面を行き、河下山《かわしもやま》を通過すると、ようやくコース中で唯一黒滝山の山容が望める地点に出る。ここから一度下って登り返すと**黒滝山**山頂に到着する。山頂は狭いが、東側からは那須野が原から関東平野まで一望できる。

　山頂からは来た道を戻る。帰路も長い行程で、時間もかかるので慎重に下ろう。

（久保周二）

CHECK POINT

1 木立に埋もれた電気店の看板と納屋の間の砂利道から登っていく

2 林道木ノ俣巻川線を横切って石段を上がる

3 百村山山頂。木に看板が吊り下げられている

4 1257メートル地点には「三石山」の看板がある

5 サル山。ここから黒滝山までは約2時間

6 東側、那須野が原の展望が開ける黒滝山山頂

の登山者は百村山往復、または林道（木ノ俣巻川線）出合からの黒滝山往復を選択した方が無難だろう。

▽途中に水場はないので、必要量は持参すること。

▽クマの生息地なので、鈴などのクマよけは必ず用意しよう。

▽登山口付近に板室温泉があるので、下山後の入浴に利用しよう。

■問合せ先

那須塩原市役所☎0287・62・7111、板室温泉☎0287・62・7155（黒磯観光協会）

■2万5000分ノ1地形図

板室

04

男鹿山塊の名峰を訪ねる
日留賀岳

ひるがだけ
1849m

日帰り

歩行時間＝7時間20分
歩行距離＝12・5km

技術度 ■□□□□

体力度 ■■□□□

コース定数	＝**32**
標高差	＝1169m
累積標高差	↗1410m ↘1410m

登山道途中から日留賀岳山頂を見上げる

急登が終わるとアスナロの森に入る

男鹿《おが》山塊は那須岳《なすだけ》と高原山《たかはらさん》の間に位置し、日留賀岳はその南端にある。中腹にはブナやミズナラ、アスナロの原生林、頂上付近では高山植物も多く、静かな山歩きが楽しめる。

登山口は、塩原《しおばら》小中学校北側の白戸《しらど》集落。登山口脇の民家、小山氏が用意してくれている駐車場で身支度を整え歩きはじめよう。小山氏宅の前庭を通り、家の裏に回りこんで鳥居をくぐる。植林地を進むとほどなく日留賀嶽神社寄進碑が現れる。ここからひと登りして**送電線鉄塔**をくぐると、シラン沢林道に合流する。ルートを右にとり、比津羅山《ひづらやま》の山腹の砂利道を30分ほど歩くと、**林道の終点**になる。

ここから登山道に入る。しばらくは比津羅山山腹をやや下り気味に行き、カラマツの植林地になるころから、登りにさしかかる。緩い登りを行くと、広い斜面のブナ林に変わり、丈の低いミヤコザサが見られるようになる。ナダムロ沢から水音も聞こえ、気分のいいところだ。

やがてルートは「腹部《ふくべ》の曽根《そね》」とよばれる尾根に取り付くと、ブナやミズナラなどの原生林の中の急登がはじまる。

急登は、標高1450㍍付近まで続き、アスナロの森に入る。こ

■鉄道・バス
往路・復路＝東北新幹線那須塩原駅からJRバスで塩原温泉バスターミナルまで行き、ここでゆーバスに乗り換え、木の葉化石園入口で下車、徒歩45分で登山口に着く。

■マイカー
東北自動車道西那須野塩原ICで国道400号を塩原温泉方面へ約25分で登山口。登山口にはトイレはない。

■登山適期
6月下旬にはシャクナゲが咲きはじめ、8月中旬ごろまで高山植物が楽しめる。10月上旬からは紅葉が美しい。

■アドバイス
▽登山口は塩原温泉にあるので下山後は温泉も楽しみだ。市営の日帰り温泉の華の湯（☎0287・31・1058）のほか、箱の森プレイパーク（☎0287・32・3018）内にも温泉設備がある。

■問合せ先
那須塩原市役所塩原支所☎0287・32・2911、那須塩原市地域バス「ゆーバス」（那須塩原市生活課）☎0287・62・7127

■2万5000分ノ1地形図
日留賀岳・塩原

CHECK POINT

登山口の小山氏は駐車場と登山者名簿を準備してくれている

林道終点。ここから再度登山道になる

ブナ林の急登が続く「腹部の曽根」

丸太を組んだ日留賀岳の鳥居２基をくぐって登山道は続いていく

山頂には日留賀岳神社の祠があり、360度の展望が楽しめる

こは少し薄暗く感じるが、アスナロの赤みがかった木肌が美しい。1514㍍のピークのすぐ手前で、丸太を組んだだけの**鳥居**をくぐる。しばらくは樹林の中の登りが続き、正面に日留賀岳の頂上が見えると、夏はハクサンフウロ、秋はリンドウなどが咲く最後の登りになる。これを登りきるとハイマツなどに覆われた**日留賀岳**山頂に着く。

山頂には日留賀嶽神社の祠があり、西から北は会津《あいづ》や那須の山々、南は高原山や日光《にっこう》の山々など、360度の展望が楽しめる。

山頂で展望を楽しんだあとは、往路を戻る。（梅原 浩）

05 手軽に楽しめる静かな山
弥太郎山
やたろうやま
1392m

日帰り

歩行時間＝2時間30分
歩行距離＝5.0km

技術度
体力度

コース定数＝11	
標高差＝293m	
累積標高差	↗440m ↘440m

↑弥太郎山山頂と7号鉄塔

←新緑のカラマツ

弥太郎山は塩原《しおばら》温泉のすぐ北側にあり、カラマツを中心とした針葉樹や広葉樹の森に覆われている。

塩原温泉から会津《あいづ》方面に国道400号を進むと、右手につづら折りの道路（塩那《えんな》道路）が刻まれた山肌が見えてくる。弥太郎山の登山口がある土平《つちだいら》へは、この塩那道路を行く。

土平の駐車場で身支度を整え、駐車場の奥にある登山道に足を踏み入れる。弥太郎山までのコースのほとんどは、送電線鉄塔の管理道になっているので、とても歩きやすい。

土平からのつづら折りの急な道は、カラマツの森に続き、30分ほどで尾根コース（**9号鉄塔**への管理道）と山腹を横切るコースに分かれる。どちらのコースを行っても時間的には大差はない。分かれた道が合流するところが、このコースで最初に弥太郎山の山頂が姿

■鉄道・バス
往路・復路＝JR西那須野駅または那須塩原駅からJRバスで塩原温泉バスターミナルまで行き、ここでゆーバスに乗り換え、木の葉化石園入口で下車後、つづら折りの車道を土平まで登れば登山口に着く。ただし、一般的ではない。

■マイカー
東北自動車道西那須野塩原ICから国道400号で塩原温泉を通り越し、木の葉化石園・箱の森プレイパーク方向に進む。つづら折りの塩那道路を登りきったところが土平で、駐車場がある。登山口にトイレはない。

■登山適期
春の新緑や秋の紅葉のころがおすすめ。なお、4月下旬～11月下旬の8～18時以外の時期・時間は、塩那道路は通行止めになる。

■アドバイス
▽土平から弥太郎山の反対側には土平園地があり、遊歩道が整備されて

登山道脇のヤマツツジ

を現すところである。

ほぼ平坦な道がしばらく続き、8号鉄塔への管理道を右に分ける。**8号鉄塔**は、この山行でいちばん展望のよいところで、数十メートルの距離なのでぜひ立ち寄りたい。これから登る弥太郎山山頂や男鹿《おが》山塊の山々などの眺めが楽しめる。

分岐に戻り、緩い下りを進むと、沢側の林越しに弥太郎山山頂が見え隠れする。最低鞍部まで下り、登り返しになるあたりからカラマツ林になる。

少しずつ傾斜が増し、つづら折りを登りきると7号鉄塔と弥太郎山頂の鞍部に登り着く。

山頂はこの鞍部からササの中の踏跡を進む。ひと抱えほどの曲がったブナの脇を進み、丸太階段を登りきると**弥太郎山**山頂にたどり着く。山頂は木々に覆われているため、展望はあまりよくない。

下山は7号鉄塔に立ち寄るなどして、往路を戻る。（倉俣勝輝）

CHECK POINT

1 土平駐車場から登山道に入る

2 尾根コースと山腹コースの分岐。どちらのコースも時間的に大差はない

3 9号鉄塔から南に高原山方面を眺める

4 8号鉄塔から北西側の日留賀岳を眺める

5 山頂直下のブナ

6 樹林の中で、展望はない弥太郎山山頂

いる。ブナ林やシロヤシオ、ナツツバキなどの群落が楽しめる。所要時間は1時間30分ほど。
▽登山口の塩原温泉には、市営の日帰り温泉、華の湯（☎0287・31・1058）や箱の森プレイパーク（☎0287・32・3018）など。
■問合せ先
那須塩原市役所塩原支所☎0287・32・2911、那須塩原市地域バス「ゆーバス」（那須塩原市生活課）☎0287・62・7127
■2万5000分ノ1地形図
塩原

06

植物を愛した昭和天皇も登られた山

安戸山

やすとやま
1152m

日帰り

歩行時間＝3時間45分
歩行距離＝6・5km

技術度

体力度

コース定数＝**16**

標高差＝637m

累積標高差 710m 710m

アグリパル塩原から安戸山（中央奥）を望む

安戸山は那須野《なすの》が原《はら》の西に位置し、最高峰の大砂飛山《おおさびやま》を盟主とする男鹿《おが》山塊に属する。山懐の深い山域であり、訪れる登山者も少ない。そのため、静かな山行を楽しむことができる。下部はきれいな人工林、中腹から上は広葉樹林となり、その樹下にはカタクリやレンゲショウマが咲き、登山者を楽しませてくれる。地元主催の「山開き」も開催され、新たな登山道も設置されたり、整備も行われている。

山頂手前に咲いていたヤマツツジ

登山コースは蛇尾《さび》川沿いの集落から山頂を往復するのが一般的で、蟇沼《ひきぬま》集落の入口と最奥の民家の前に**登山口**の標識がある。

民家前の標識から5分ほど行くと、鎮守と貯水タンクが現れ、登山道であることが確認できる。道は杉林へと入り、右手に沢音を聞きながら進んで沢を渡る。

沢を渡ると、道は二手に分かれる。登山道は右、手入れの行き届いた杉林をジグザグに登り、小尾根を越す。御神木2本に守られた祠を右手に見てしばらく行くと、廃道となった**林道**に出て、左手に安戸山山頂が見えてくる。廃道を進んで左に大きくカーブすると標識があり、登山道は雑木林へと続いている。

ここから先、山頂までは春の新緑、ヤマツツジやゴヨウツツジ、夏にはレンゲショウマが可憐な花を咲かせ、また秋には紅葉と、折々に登山者を楽しませてくれる。

道は安戸山の北斜面を横切り、尾根に出たら180度方向を変え

■**鉄道・バス**
往路・復路＝JR西那須野駅から那須塩原温泉行きバスでアグリパル塩原下車、徒歩約4㌔。また、那須塩原駅から那須塩原温泉行きバスや新宿発の塩原温泉行きの高速バスも運行。いずれもアグリパル塩原下車。

■**マイカー**
東北自動車道西那須野塩原ICから国道400号経由で蟇沼集落へ。駐車は蟇沼集落の10㍍先（Y字路交差点）に数台の駐車スペースがある。

■**登山適期**
春先の新緑とアカヤシオやゴヨウツツジのころ、秋の紅葉がよい。夏期の雑草の繁茂期は、廃道となった箇所や山頂から鷹八幡神社への下山コース中にやぶ漕ぎを強いられる。コ

蟇沼集落入口の標識

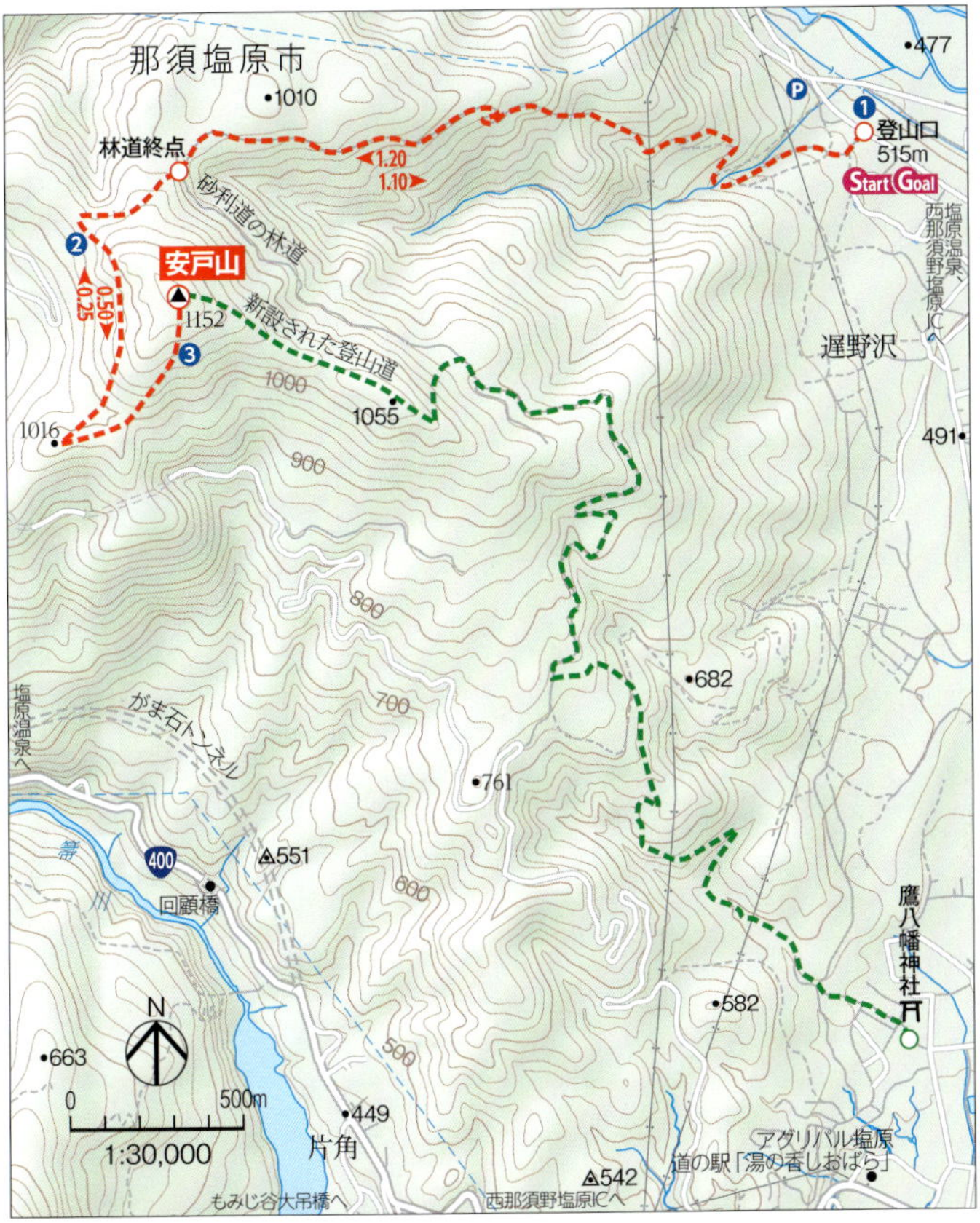

る。小尾根を伝って行き、小ササの道を越えて、このコース最大の急登を登る。再び尾根に出て、踏跡をたどっていくと**安戸山**山頂に着く。

山頂には1等三角点があり、以前は那須連山や大佐飛山、弥太郎《やたろう》山《やま》を見わたせたが、昨今の衛星測量により、伐採も行われなくなり視界も悪い。

下山は来た道を戻るが、廃道との合流地点は、雑草の繁茂期には、登山道を見逃す恐れがあるので充分注意しよう。

（斎藤常栄）

CHECK POINT

1 集落最奥民家前の案内板

2 広葉樹林の中を行く

3 山頂手前の急登

ースを少しはずれれば、みごとなイチリンソウやコバイケイソウのお花畑に出会えることもある。

■アドバイス

▽山頂から東側の尾根を下るコースが新設されている。

▽麓の集落では自宅前に登山ノートや小さなパンフレットをつくっておいている家もある。

▽山頂から鷹八幡神社へ下るコース沿いには、昭和天皇が皇太子時代に登られた記念碑がある。

▽下山後はのんびりと温泉入浴を楽しもう。塩原温泉郷はアグリパル塩原からバスで30分。スープ入り焼きそばも有名。

▽アグリパル塩原は食事ができ、駐車場やトイレも整備され、農産物やパンの直売も行っている。隣接するいちご農家の直売もある。秋の紅葉シーズンには収穫祭などのイベントも行われる。

▽2㌔先の箒川にかかる「もみじ谷大吊橋」は本州最大級（渡橋は有料）。

■問合せ先

那須塩原市役所塩原支所☎0287・32・2911、アグリパル塩原☎0287・35・4401、JRバス関東西那須野支店☎0287・36・0109、塩原タクシー☎0287・22・2121

■2万5000分ノ1地形図

関谷

八海山神社が近づくと、釈迦ヶ岳が大きく見えてくる

07

1等三角点のある関東平野の展望台
釈迦ヶ岳・鶏頂山

しゃかがだけ 1795m（1等三角点）
けいちょうざん 1765m

日帰り

歩行時間＝8時間50分
歩行距離＝16・2km

技術度
体力度

コース定数＝**36**
標高差＝645m
累積標高差 ↗1395m ↘1395m

釈迦ヶ岳は高原山《たかはらさん》の最高峰で、日光《にっこう》や那須《なす》の山々、関東平野が一望できる。視界がよければ太平洋や富士山も望めるまさしく「展望台」である。また、登山口の八方《はっぽう》ヶ原《はら》付近は春から初夏にかけて、アカヤシオ、トウゴクミツバツツジ、シロヤシオ（ゴヨウツツジ）、ヤマツツジ、レンゲツツジなど、ツツジの花がすばらしい。

小間々《こまま》駐車場から主峰釈迦ヶ岳と隣の鶏頂山《けいちょうざん》に登り、大入道《おおにゅうどう》を回って小間々駐車場に戻るコースを歩こう。トイレは大間々駐車場か、1・5キロほど手前の「山の駅たかはら」で利用できる。

「小間々の女王」と名づけられたトウゴクミツバツツジの看板に沿って、**小間々駐車場**から歩きはじめる。20台は駐車できる。なだら

■鉄道・バス
往路・復路＝バス便はなく、JR矢板駅からタクシーを利用する。

■マイカー
東北自動車道矢板ICから県道30号を関谷・塩原方面に進み、泉交差点を左折して県道56号に入る。山の駅たかはら手前100メートルを左に入り、1キロほど進み、小間々の駐車場へ。

■登山適期
5月下旬～6月上旬のシロヤシオの時期がいちばんだが、新緑、紅葉の時期もおすすめ。盛夏は雷雨に注意。

■アドバイス
▽紹介したルート以外に、大間々を起点に釈迦ヶ岳の往復や、日塩もみじラインから弁天池経由で鶏頂山、釈迦ヶ岳、大間々への縦走、花の時期なら小間々から大入道、剣ヶ峰周回など、時期に応じたコースが考えられる。県民の森からミツモチを通るコースも花が美しい。
▽小滝鉱泉（☎0287・43・0941）、赤滝鉱泉（☎0287・43・0940）、寺山鉱泉（☎0287・43・3773）はひっそりとした山の宿だ。

■問合せ先
矢板市役所☎0287・43・1111、山の駅たかはら☎0287・43・1515、矢板ツーリングタクシー☎0287・43・1234

■2万5000分ノ1地形図

展望抜群の釈迦ヶ岳山頂

トウゴクミツバツツジ、シロヤシオの競演

かな林間を歩くと、駐車場・展望台・トイレのある**大間々**に着く。見晴らしコースの林道を15分ほど進むと登山カードボックスのある**登山口**。小さな鳥居をくぐって登山道に入る。

尾根に出ると釈迦ヶ岳、中岳《なかだけ》、西平岳《にしひらだけ》、男体山《なんたいさん》などが見え、気持ちがよい。ほどなく小さな祠が祀られる**八海山《はっかいさん》神社**に着く。ここは展望がよく絶好の休憩ポイントだ。少し休んでいこう。

神社からひと登りで矢板《やいた》市最高点。少し進むと右手に那須連山、男鹿《おが》山塊、帰りに向かう大入道が、左手遠くに会津駒《あいづこま》ヶ岳《たけ》が望まれる。急坂を下ると**大入道分岐**で、釈迦ヶ岳へは直進する。起伏のある道の右側はスッカン沢に向けて切れ落ちているので注意が必要だ。展望はないが、春はオオカメノキの白い花が美しい。

トラロープが張られた急斜面を登ると鶏頂山との分岐に出る。ほどなく**釈迦ヶ岳**山頂だ。山頂は1等三角点の名に恥じない大展望台で、女峰山《にょほうさん》、燧《ひうち》ヶ岳《だけ》、駒ヶ岳、男鹿山塊、那須の茶臼岳《ちゃうすだけ》、三本槍岳《さんぼんやりだけ》、八溝山《やみぞさん》、筑波山《つくばさん》、視界がよければ富士山の大パノラマも広がる。

展望を楽しんだら往路を少し戻って、鶏頂山に向かおう。急坂を下り、小さな起伏をすぎると右からハンターマウンテン塩原《しおばら》スキー場からの分岐と日塩《にちえん》道路からの分岐がある。最後の急坂を登ると**鶏頂山**山頂だ。先ほど登った釈迦ヶ岳とそこからの稜線である中岳、西平岳が美しい。

　下山は往路を**大入道分岐**まで戻り、ここを左に折れるとすぐに剣ヶ峰だ。ここから大入道を目指そう。急坂を下ってからの稜線は、5月下旬～6月上旬までトウゴクミツバツツジとシロヤシオ（ゴヨウツツジ）のまさに「花のトンネル」となる。巨木のひとつ「縄文ヤシオ」をすぎると釈迦ヶ岳と前黒山《まえくろやま》の展望がよい。少し登れば**大入道**の山頂に着く。

　大入道からのジグザグ道はヤマツツジが多く見られる。沢沿いに下るとこのコース唯一の水場があるので、のどをうるおしていこう。

　ほどなく桜沢を渡る。ここからなだらかな尾根を越えて進み、もうひとつ沢を越えると**小間々の駐車場**に着く。

（植木 孝）

桜沢を赤矢印通りに左方向に渡る。平常時は水が少なく徒渉に問題はない

CHECK POINT

1 ここから出発だ。あたり一面がヤマツツジ。「小間々の女王」の看板方向に進む

2 大間々駐車場、展望台、トイレがある。振り返ると前黒山、男鹿山塊、那須連山が一望できる

3 登山者カードを記入して鳥居をくぐろう

4 小さな祠が祀られている八海山神社。那須連山や関東平野が一望できる。目指す釈迦ヶ岳が大きい

5 釈迦ヶ岳の山頂にある釈迦の石像。すばらしい展望で、関東平野はもちろん、関東北部の山々や富士山、太平洋が見えることもある

6 先ほど登った釈迦ヶ岳とそこからの稜線の中岳・西平岳が美しい。日光連山も近くに見える

7 大入道分岐を左に進み、大入道方面に向かう。少し行くと剣ヶ峰だ

8 大入道。展望はないが、広葉樹の心落ち着く森の中の山頂だ。歩いてきた稜線を振り返ろう

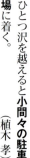

大沼の水面に、目指す鶏頂山が映る

サブコース

日塩道路から鶏頂山往復

歩行時間＝3時間45分／歩行距離8・3キロ

鶏頂山登山口。赤い鳥居と20台ほどの駐車スペースがある

日塩《にちえん》道路脇の鳥居のところに駐車スペースがある。鳥居をくぐるとカラマツのなだらかな道となる。展望はないが林を吹き抜ける風が心地よい。登山道は林道を横切って続いている。エーデルワイススキー場のトップをすぎ、少し下ると大沼への分岐がある。目指す鶏頂山が大沼の水面に写り、絶景である。

もと来た道に登り、黒木の坂を登ると祠が立つ弁天《べんてん》池に出る。ここから右回りのコースをとる。すぐに、この山域では貴重な水場が現れる。ここからササの急な坂を登ると、釈迦ヶ岳からの稜線に出る。そこから再び急な坂を登ると、ほどなく鶏頂山の頂上だ。釈迦ヶ岳、中岳《なかだけ》、西平岳《にしひらだけ》、右に目を移すと日光《にっこう》連山、会津《あいづ》の山々の展望が広がる。視界がよいときには富士山や妙《みょう》高《こう》の山も一望できる。

下山は、釈迦ヶ岳までの稜線を進んで、最低鞍部から左に下るとほどなく弁天池に出る。

■鉄道　東武鉄道会津鬼怒川線鬼怒川公園駅からタクシー。

■マイカー　日光宇都宮道路今市ICから国道121号、日塩もみじラインを走ると、登山口の赤鳥居を右手に見る駐車スペースに着く。

■アドバイス　紅葉期の10月上旬〜11月上旬、ハンターマウンテン塩原スキー場のゴンドラが運行。明神ヶ岳からの縦走を楽しめる。（ハンターマウンテン塩原☎0287-32-4580）

■2万5000分ノ1地形図　高原山

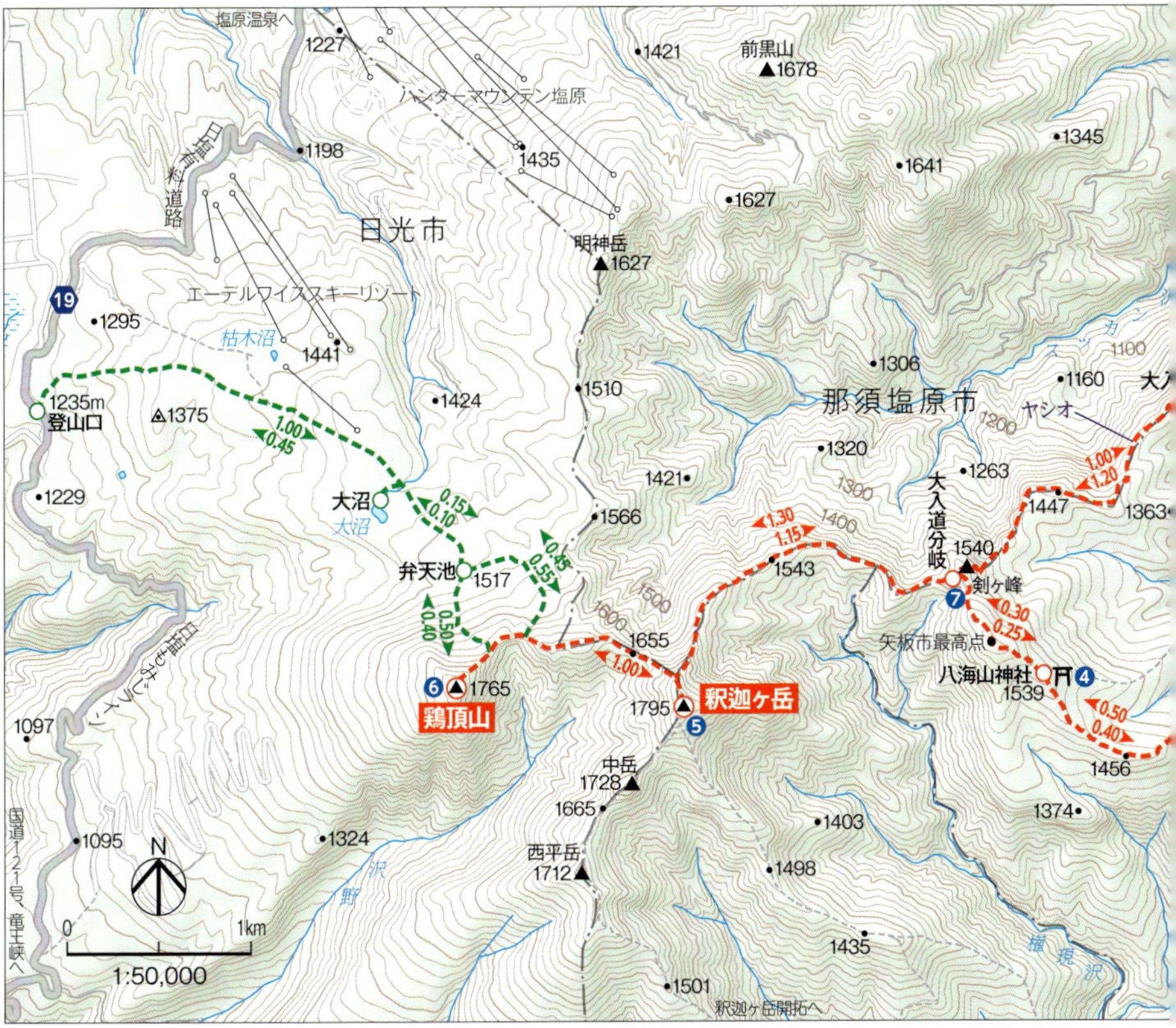

08

アルプスの雰囲気をもつ関東以北の最高峰

奥白根山

おくしらねさん 2578m

日帰り

歩行時間＝9時間30分
歩行距離＝12・0km

技術度

体力度

コース定数＝**36**

標高差＝1090m

累積標高差 ↗1440m ↘1440m

中禅寺湖畔からの奥白根山

奥白根山は日光《にっこう》市の西端にあって、群馬県片品《かたしな》村との境界上に位置している。日光山群の最高峰であり、関東以北の最高峰でもある。国土地理院の地形図では「白根山」となっているが、前《まえ》白根山があることから頭に「奥」をつけて「奥白根山」とよばれている。また、他地域の白根山と区別するために「日光白根山」ともいわれている。山上に五色沼《ごしきぬま》、弥陀《みだ》ヶ池《いけ》の美しい火山湖を抱え、高山植物の宝庫として知られており、頂上からの360度の大展望はすばらしく、登山者に抜群の人気がある。

湯元《ゆもと》スキー場入口からスキー場の作業用砂利道を進む。白根沢に出合ってから道標にしたがって**登山道**に入り、遭難慰霊碑のすぐ先を左へ登っていく。太いコメツガの樹林は根がむき出しで歩きづらい。ところどころにイワカガミも見られる。

シャクナゲの**尾根に出る**と傾斜も緩んできて、天狗平《てんぐだいら》は近い。天狗平は広場となっており、休憩によい。その先は緩やかな登りで、稜線に出ると視界が開け、奥白根山の雄姿が現れる。前白根山はもう目の前である。

前白根山山頂からは、水をたたえる五色沼を隔てて仰ぐ奥白根山の雄姿に登頂欲がそそられる。道標にしたがってガレ場を下り、錫《すず》ヶ岳《たけ》への尾根を進み、途中右へ、樹林帯を**避難小屋**に下る。ここからダケカンバの樹林帯を抜け、高山植物を楽しみながら急な斜面を登り高度を上げる。

火口原に達し、岩場を登ると**奥白根山**の頂上である。傘下の日光連山はもとより、尾瀬《おぜ》、福島、新潟の山々、谷川岳《たにがわだけ》、浅間山《あさまやま》、遠く

■鉄道・バス
往路・復路＝JRまたは東武鉄道の日光駅前から湯元温泉行きの東武バスに乗り、1時間20分で終点の湯元温泉バス停下車。

■マイカー
日光市内から国道120号で日光湯元温泉まで行く。湯元温泉には一般者利用の無料駐車場がある。

■登山適期
6〜10月がよい。

■アドバイス
▽白根沢の旧道は崩壊地があり、細心の注意が必要である。
▽奥白根山への登山ルートは、本コースのほか、金精峠から金精山を経るコース、群馬県側から菅沼コース、丸沼からロープウェイ利用のコースがある。
▽湯元温泉には環境省のビジターセンターがあり、自然情報などを得ることができる。
▽日光山温泉寺には一般者入浴用温泉があり、硫黄泉が楽しめる。

■問合せ先
日光市日光行政センター☎0288・53・3795、日光市観光協会日光支部☎0288・54・2496、東武バス日光営業所☎0288・54・1138、日光湯元ビジターセンター☎0288・62・2321

■2万5000分ノ1地形図
男体山・丸沼

前白根山からは奥白根山の全容が眺められる

前白根山から五色沼を見る

富士山、北アルプスなど。360度の大展望が楽しめる。

頂上からは、北側のガレ場を下り、**弥陀ヶ池**にいたる。道標に導かれ、五色山《ごしきやま》の登山道をたどる。途中、電気柵に守られたシラネアオイの群生を見ることができる。**五色山**から金精山《こんせいざん》への尾根を下り、**国境平**《こっきょうだいら》から右へ分かれ、中曽《なかっそ》根《ね》コースのササの深い緩斜面を下っていく。尾根の突端の**湯場見平**《ゆばみだいら》から急降下したのち、平坦な樹林帯の沢沿いの道を進むと車道に出る。右にもみの木通りを行けば、温泉の硫黄の香りが漂ってきて、まもなく**湯元温泉バス停**に戻る。

（上杉純夫）

奥白根山の山頂。360度の大展望が広がり、休日には多くの登山者でにぎわう

CHECK POINT

1 バス停から徒歩10分、湯元スキー場入口からスキー場の作業用砂利道を進む

2 草原状のスキー場は広々として気分がよい。けっこう傾斜があり汗をかく

3 スキー場を登りきると外山尾根に取り付く。ここから1時間半の登りの連続

4 外山尾根のコルから樹林帯の中を進むと広場となっている天狗平に着く

5 ダケカンバの林を抜けると視界が開け、前白根山頂上。眼前には奥白根山

6 錫ヶ岳へ続く尾根から分かれ樹林帯を下ると赤い屋根の避難小屋に着く

7 避難小屋から急坂を登ってくると広い火口原に着く

8 火口原の縁に建つ白根山神社の小社。古くから修行の山として知られる

9 奥白根山からの下りは岩場の間を抜け、弥陀ヶ池を目指して下っていく

10 弥陀ヶ池から尾根を登ってくると五色山の頂上に着く

11 金精峠への道が分かれる国境平

12 中曽根の登山口。湯元温泉バス停も近い

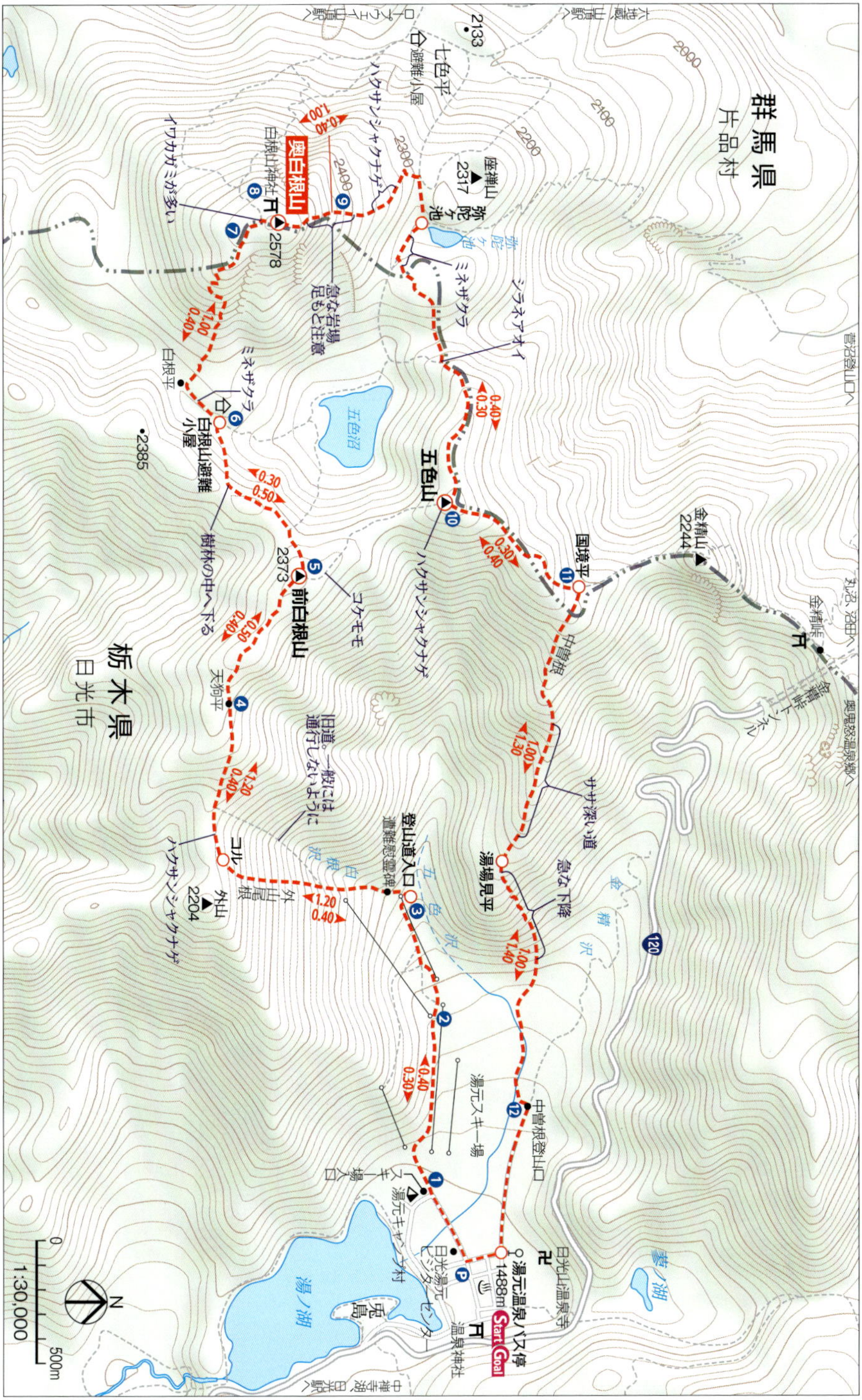

群馬県
片品村
栃木県
日光市
奥白根山
2578
白根山神社
前白根山
2373
五色山
国境平
金精山
2244
金精峠
金精トンネル
座禅山
2317
弥陀ヶ池
七色平
避難小屋
白根山避難小屋
白根平
五色沼
天狗平
外山
2204
コル
登山道入口
遭難慰霊碑
湯場見平
中曽根
中曽根登山口
湯元スキー場
湯元温泉バス停
1488m
Start
Goal
日光山温泉寺
温泉神社
湯ノ湖
蓼ノ湖
急な岩場 足もと注意
ササ深い道
急な下降
樹林の中へ下る
1:30,000
500m

09 太郎山・山王帽子山

日光連山の中央に座す美形の独立峰

日帰り

歩行時間＝8時間15分
歩行距離＝15・5km

技術度 ●●○○○
体力度 ●●○○○

たろうさん 2368m
さんのうぼうしさん 2077m

コース定数＝**32**

標高差＝938m

累積標高差 ↗1190m ↘1225m

↑戦場ヶ原・赤沼付近からの山王帽子山(左)、中央の鞍部はハガタテの頭、右に太郎山

←山王帽子山山頂手前は南西方面の展望が開ける

戦場《せんじょう》ヶ原《はら》の北東、ひときわ目立つ美形の山が太郎山である。奥《おく》日光《にっこう》連山の中央にしっかり座している。西方の小太郎山《こたろうやま》は高山植物が豊富である。ここでは光徳《こうとく》牧場から山王峠、山王帽子山を経て太郎山を周回するコースを紹介しよう。

東武《とうぶ》バス**光徳温泉バス停**先の車道を左折すると光徳牧場の売店前に出る。ここが登山口で、売店北側の公衆トイレ脇に「山王峠2・1キロ」の道標が立っている。緩やかな登りをしばらく行き、丸太の急な階段になると、まもなく木道になり、**山王峠**に着く。右に進み、その先の分岐をさらに右に行くと山王林道に出る。右へ200メートルほどで太郎山への標識がある。ここが林道からの登山口だ。

山王帽子山を目指し、コメツガ林を急登する。標高が高くなるにつれ、日光連山が見えてくると、まもなく**山王帽子山**頂上に着く。コメツガに囲まれ展望はよくない。

山頂をあとに進むと、視界が開け、太郎山や男体山《なんたいさん》がよく望める。ここからが太郎山への道で、いっきに鞍部まで下り、少し登り返す

■鉄道・バス
往路＝JR日光線または東武日光線日光駅が起・終点となる。日光駅からは、東武バス湯元行きで光徳温泉バス停で下車。
復路＝三本松バス停から乗車。

■マイカー
登山口の光徳牧場駐車場が利用可能。日光宇都宮道路清滝ICから約26キロ。この先、山王峠登山口は路肩駐車になる。下山口側では、新薙下の工事専用道路の出合まで入れるが、駐車は梵字の滝飯場跡駐車場

梵字の滝飯場跡の駐車場

になる。

■登山適期

5月中旬に新薙下のアズマシャクナゲの群生が開花する。6月下旬は小太郎山、太郎山のハクサンシャクナゲが見ごろになる。7月初旬から小太郎山などで高山植物の開花が見られる。紅葉は9月下旬からはじまる。

■アドバイス

▽湯元温泉に環境省のビジターセンターがあるので、自然情報など得るのに利用するとよい。

▽山王峠（山王林道）登山口、工事専用道路出合の新薙登山口は、いずれもアプローチが長い。新薙登山口は、梵字の滝飯場跡駐車場から約1時間30分。

▽光徳温泉経由のバス本数は少ないので、湯元温泉直行バスに乗り、光徳入口で下車してもよい。光徳温泉へは徒歩40分。

▽日光駅、中禅寺温泉バスターミナルからタクシーも利用できる（要予約）。

■問合せ先

日光市日光行政センター☎0288・53・3795、日光市観光協会日光支部☎0288・54・2496、東武バス日光営業所☎0288・54・1138、日光湯元ビジターセンター☎0288・62・2321

■2万5000分ノ1地形図

男体山

とハガタテ薙からの合流点だ。以前は光徳からハガタテ薙を登るコースがあったが、崩壊が激しく、現在は通行が禁止されている。さらにコメツガの樹林内を急登すれば展望のよい**小太郎山**に着く。男体山や戦場ヶ原、小田代原《おだしろがはら》が一望でき、岩場の山頂は高山植物も豊富で楽しめる。

小休止のあとは、剣《けん》ヶ峰《みね》や狭い岩稜を注意しながら進んでいき、ハクサンシャクナゲが多くなると、まもなく**太郎山**山頂である。展望はよく、男体山、奥白根山《おくしらねさん》や、東に女峰山《にょほうさん》などの山々が望める。

頂上から来た道を少し戻り、左に急な道を注意して下ると**お花畑**に飛び出す。近年は花の数は少ない。ここからは下り一方で、「日光三険」のひとつの新薙《しんなぎ》を注意して横切り、急な道を下っていく。アズマシャクナゲの群落を抜けると、**工事用道路**に出る。左へ裏男体林道に出て、**梵字《ぼんじ》の滝飯場跡**をすぎ、**丁字路**を左折する。ササの細い道になると下山口の**三本松《さんぼんまつ》バス停**に着く。

（仙石富英）

剣ヶ峰の岩場、奥は太郎山

CHECK POINT

山王林道からの光徳登山口。トイレの脇を入る

山王峠の木道。山王林道の登山口は近い

山王林道登山口。ここから山王帽子山へ

ハガタテの頭。ハガタテ薙からの合流点で、薙は通行禁止となっている

360度の展望がすばらしい太郎山山頂。のんびりしていこう

お花畑。近年は花も少なくなった。正面ピークの先が太郎山山頂

お花畑から新薙の入口。注意して下ろう

工事用道路との出合の新薙登山口

梵字の滝飯場跡。ゲートは撤去されて車は入れるが、駐車はこの場所で

1

男体山

なんたいさん 2486m

北関東を代表する下野の霊峰。山頂での大展望が待っている

日帰り

歩行時間＝6時間50分
歩行距離＝8・2㎞

技術度

体力度

コース定数＝28

標高差＝1206m

累積標高差 ↗1259m ↘1259m

←中禅寺湖道路からの男体山

←二荒山神社中宮祠。ここが男体山の登山口になる。受付で登拝料を納めて登りはじめる

男体山は栃木県の北西部、表日《おもてにっ》光《こう》連山の西端にある。関東平野から望む端麗な姿はまさに「下野《しもつけ》富士」の愛称にふさわしい。男体山は日光開山の祖、勝道上人によって天応2（782）年に初登頂された。この記録は沙門遍照金剛（弘法大師）の書に、日本最古の登頂記録として残されている。

男体山の登山は北側の志津《しづ》から登るコースもあるが、ここでは南側、中禅寺湖《ちゅうぜんじこ》畔の二荒山《ふたらさん》神社中宮祠から、展望を楽しみながら山頂を往復するコースを紹介しよう。

二荒山神社は日光市山内に本社を祀り、中禅寺湖畔に中宮祠、男体山山頂に奥宮を祀る。コース上に水場がないので、登山前に忘れずに補給すること。

登山口は**二荒山神社**の境内にあ

■鉄道・バス

往路・復路＝JRまたは東武日光駅から東武バス湯元温泉行きに乗り、二荒山神社前バス停で下車する。

■マイカー

日光宇都宮道路清滝ICからいろは坂を通り約14㌔。登山口の二荒山神社に登山者用駐車場がある。

■登山適期

男体山の開山が5月5日で、10月25日の閉山祭で登拝門が閉められる。四合目付近のシロヤシオは5月下旬ごろには見ごろになる。8月1日から8月7日までが登拝祭期間で夜間登山が可能。特に初日は山頂でご来光を迎える大勢の登山者でにぎわう。9月下旬ごろから紅葉を迎える。

■アドバイス

▽登山コースには水場がないので事前に準備が必要。五合目、七合目、八合目には避難小屋がある。

▽北側の志津から登る場合、鉄道・バス利用者は三本松バス停から志津まで徒歩約2時間30分。マイカーやタクシーは志津峠まで入れるが、峠付近は駐車禁止のため、梵字の滝飯場跡駐車場に停めることになる。

▽時間に余裕があれば、近くに日光自然博物館、イタリア大使館別荘記念公園、英国大使館別荘記念公園などがあるので訪ねるとよい。

■問合せ先

日光市日光行政センター☎0288

り、受付で登拝料を納め、奥の登拝門から登りはじめる。階段を登りきると遥拝所のある一合目で、ウラジロモミやミズナラの樹林帯の中を30分ほど登ると三合目で工事用道路に出る。

少し西に行くと中禅寺湖や社《しゃ》山《ざん》、半月山《はんげつさん》など南岸の山々が展望できる。曲がりくねった車道歩き20分ほどで社務所と石の鳥居のある**四合目**に着く。ここから再び登山道に入りしばらく急登になる。20分ほど登ると五合目で避難小屋がある。このあたりから展望が開け、八合目まで観音薙《かんのんなぎ》のガレ場を登る。落石や転倒に注意しよう。

八合目には社務所兼避難小屋があり、傍らの岩の下に滝尾《たきお》神社がある。ひと登りすると傾斜が緩くなり赤土になる。

九合目をすぎ、樹林帯を抜け、赤褐色の砂礫地に出ると展望が開ける。黒い帯状の溶岩の横を通りすぎるとまもなく奥宮で、右奥の最高点の大岩には大きな神剣が天を突く。大岩のうしろには1等三角点が置かれている。

男体山山頂からは360度の大展望で、さえぎるものがなく、県内の山をはじめ、福島、群馬、新潟などの山々、条件がよければ富士山も望める。眼下には中禅寺湖や湖をとりまく周辺の山々が箱庭のようだ。

下山は往路を戻る。（小島守夫）

平成28年に設置された山名板と男体山山頂

・53・3795、日光市観光協会日光支部☎0288・54・2496、日光自然博物館☎0288・55・0880、東武日光駅☎0288・54・0137

■2万5000分ノ1地形図
男体山・中禅寺湖

CHECK POINT

1 男体山は5月5日から10月25日までの登拝期間がすぎると登拝門が閉められる

2 四合目からは工事用道路を離れて山道に入る

3 八合目にある滝尾神社の社務所兼避難小屋。すぐ上の岩の基部に小さな社がある

4 樹林帯を抜けると展望が開けて、白根山や群馬県境の山々が見わたせる

5 右側に溶岩の壁が連なり、歩きにくい赤土の砂礫地に出ると頂上は近い

6 岩の上に大剣の立つ男体山の最高点、うしろに1等三角点が設置されている

男体山山頂部から見る大真名子山、小真名子山、女峰山（左から）

男体山山頂部から中禅寺湖を俯瞰する。対岸の山並みは手前に半月山、社山、黒檜岳、その奥に備前楯山、中倉山、庚申山、皇海山

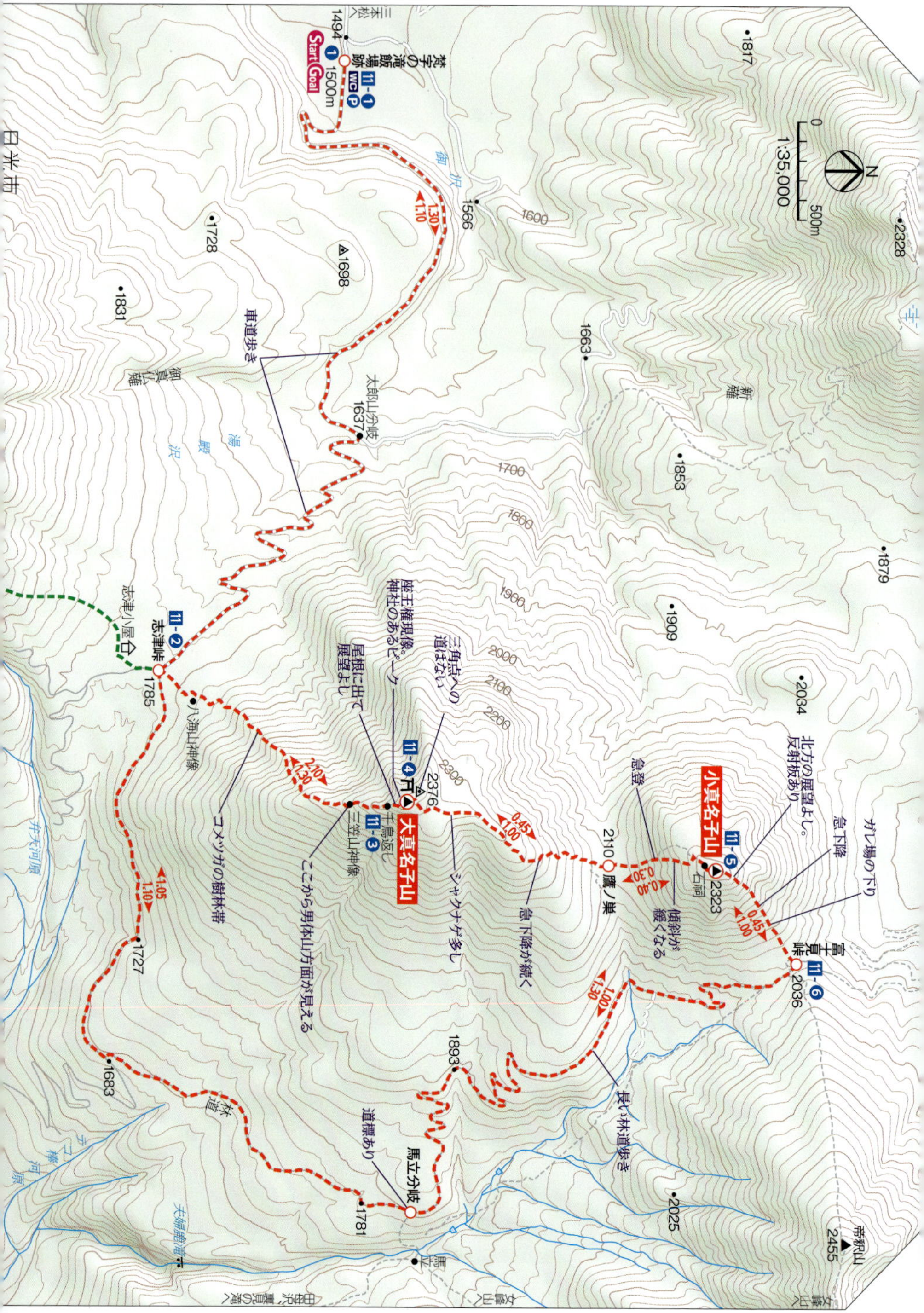

梵字の滝 飯場跡
11-1
WC P
1500m
1494
三本松へ
Start Goal
1:35,000
0
500m
N
1817
2328
御沢
1566
1600
1.30
1.10
1698
1728
1831
車道歩き
太郎山分岐
1637
湯殿沢
御真仏薙
1663
新薙
1853
1700
1800
1900
1879
1909
2034
2000
2100
2200
2300
志津小屋
志津峠
1785
11-2
八海山神像
コメツガの樹林帯
2.10
1.30
陸王権現像。神社のあるピーク
三角点への道はない
尾根に出て展望よし
11-4
2376
大真名子山
千鳥返し
三笠山神像
11-3
ここから男体山方面が見える
シャクナゲ多し
0.45
1.00
急下降が続く
2110
鷹ノ巣
0.30
0.40
急登
傾斜が緩くなる
小真名子山
11-5
石祠
2323
北方の展望よし。反射板あり
急下降
ガレ場の下り
0.45
1.00
富士見峠
2036
11-6
1.00
1.30
長い林道歩き
1893
道標あり
馬立分岐
1781
1727
1.05
1.10
1683
林道
弁天河原
馬立
女峰山へ
帝釈山
2455
2025
日光市

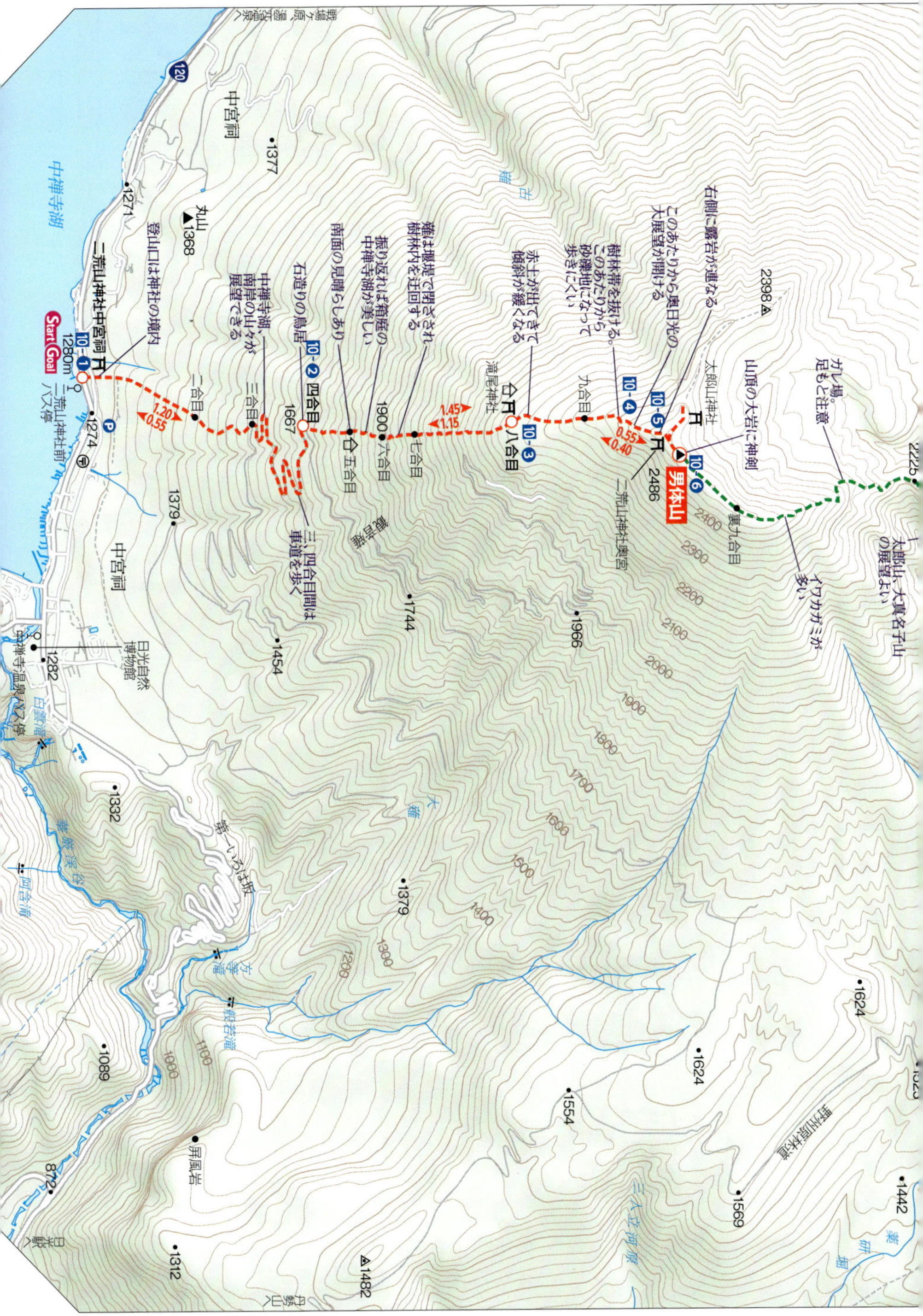

戦場ヶ原・湯元温泉へ
120
中禅寺湖
中宮祠
1377
1271
丸山
1368
二荒山神社中宮祠
登山口は神社の境内
Start Goal
10-1
1280m
二荒山神社前バス停
1274
1.20
0.55
二合目
三合目
中禅寺湖、南岸の山々が展望できる
石造りの鳥居
10-2
四合目
1667
三、四合目間は車道を歩く
南面の見晴らしあり
五合目
振り返れば箱庭の中禅寺湖が美しい
1900
六合目
七合目
1.45
1.15
滝尾神社
八合目
10-3
赤土が出てきて傾斜が緩くなる
九合目
樹林帯を抜ける。このあたりから砂礫地になっていて歩きにくい
このあたりから奥日光の大展望が開ける
右側に露岩が連なる
10-4
10-5
0.55
0.40
二荒山神社奥宮
2486
男体山
10-6
太郎山神社
山頂の大岩に神剣
2398
ガレ場。足もと注意
裏九合目
イワカガミが多い
太郎山、大真名子山の展望よい
1379
1744
1966
1454
日光自然博物館
1282
中禅寺温泉バス停
華厳滝
1332
第一いろは坂
1379
1089
般若滝
屏風岩
1554
1624
1624
1569
1442
872
1312
1482
日光駅へ
丹勢山へ

11

信仰の山は座王権現が山頂に鎮まる

大真名子山・小真名子山

おおまなごさん　2376m
こまなごさん　2323m

日帰り

歩行時間＝9時間5分
歩行距離＝20・0㎞

技術度

体力度

コース定数＝36

標高差＝876m

累積標高差 ↗1250m ↘1250m

男体山中腹からの大真名子山

大真名子山は表日光《おもてにっこう》連山の中央にある。江戸後期の御嶽山《おんたけさん》の勧請で山頂に座王《ざおう》権現が祀られている。小真名子山は日光連山の中で、深山の趣が残っている。登山口になる志津《しづ》までのアプローチが長いので、ここではマイカー利用での周遊コースを紹介しよう。

国道120号を光徳《こうとく》入口で右折、林道に入ってしばらく進んで**梵字《ぼんじ》の滝飯場跡**の駐車場に車を停める。ここから志津まで工事用道路を歩き、**志津峠**で登山口の道標にしたがって左の登山道に入り、林の中のササ道を登っていく。まもなく岩上に怖い顔の八海山神像《はっかいさんじん》や霊神碑が「安全にゆっくり登りなさい」と励ましてくれる。

コメツガ林のジグザグを登りきると緩やかな道になり、樹林帯を行くと左の尾根の上に憤怒相の笠山神像《かささんじん》が現れ、男体山方面が展望できる。続いて日光三険のひとつ「千鳥返《ちどりがえ》し」を登りきると**大真名子山**の山頂である。

山頂には御嶽神社と衣冠束帯の三《み》蔵王権現が安置されている。山頂からは日光の山々、燧《ひうち》ケ岳《たけ》や会津《あいづ》、新潟の山々を一望できる。6月下旬にはハクサンシャクナゲの花が咲き誇る。

大真名子山山頂付近からの男体山

■鉄道・バス
往路・復路＝JRまたは東武日光駅前から東武バス湯元温泉行きに乗り、三本松バス停で下車。駐車場の北側から歩道に入り、途中の丁字路から志津方面へ林道を歩く。

■マイカー
日光宇都宮道路清滝ICから湯元方面に向かい、光徳入口バス停を右折して最初の分岐を右折、道標にしたがって志津峠方面に。約25・5㌔、志津峠手前の梵字の滝飯場跡が登山口となる。なお、送迎限定となるが、マイカーやタクシーは志津峠まで行くことができる（駐車不可）。

■登山適期
6～7月はイワカガミやミヤマダイコンソウ、ハクサンシャクナゲなどの花の季節。紅葉は9月下旬から。

■アドバイス
▽バス利用の場合、三本松バス停から林道歩きが長く、日帰りは難しいので前泊するか、日帰りなら大真名子山の往復にするとよい。行程が長いので、マイカーがおすすめ。マイカー以外なら馬立分岐から裏見の滝バス停、田母沢バス停に下るコースもある。

■問合せ先
日光市日光行政センター☎0288・53・3795、日光市観光協会日光支部☎0288・54・2496、日光湯元ビジターセンター☎028

ここからはシャクナゲの群生地が続き、樹林帯の急下降で**鷹《たか》ノ巣《す》**の鞍部に下る。急坂を登り返すと小祠が祀られている**小真名子山**山頂に着く。女峰山《にょほうさん》、帝釈山《たいしゃくさん》が手にとるようだ。すぐ先の反射板のところが見晴らしがよく、休憩に最適だ。

展望を楽しんだら樹林帯を下っていく。すぐにガレ場に出てツガザクラやヒカゲノカズラなどが見られる。長いガレ場を落石に注意しながら下ろう。

傾斜が緩やかになり、樹林帯を抜けると**富士見《ふじみ》峠**だ。ここからはうんざりするほど長い林道歩きが続く。**馬立《うまだて》分岐**、**志津峠**を経て**梵字の滝飯場跡**に戻る。（小島守夫）

大真名子山付近からの展望。太郎山と、遠くに燧ヶ岳も見える

CHECK POINT

マイカーは梵字飯場跡で通行止め。梵字の滝飯場跡の駐車場から歩きはじめる

志津峠の大真名子山登山口

三笠山神像をすぎるとまもなく「日光三険」のひとつ千鳥返しになる

大真名子山山頂には御嶽神社と座王権現像が祀られている

小真名子山山頂には小真名子山神社が祀られている。背景は女峰山・帝釈山

栗山と日光の交易の場所であった富士見峠。檜枝岐の人たちも通ったという

8・62・2321、東武バス日光営業所☎0288・54・1138、三英自動車（タクシー）☎0288・54・1130

■2万5000分ノ1地形図

男体山、日光北部

＊コース図は40～41ジベーを参照。

12

日光の名峰を日光五禅頂の道でたどる

女峰山

にょほうさん 2483m

日帰り

歩行時間＝11時間15分
歩行距離＝19・8km

技術度

体力度

コース定数＝50

標高差＝1863m

累積標高差 ↗2263m ↘2263m

大真名子山からの女峰山（右）

女峰山は表日光《おもてにっこう》連山の東方にあって、残雪を頂く容姿はまさに名峰である。山頂の下には田心姫《たごりひめ》命を祀る社がある。この山はいくつかのコースがあるが、どのコースをとっても長時間を要する。ここでは日光修験・五禅頂《ごぜんじょう》（惣禅頂《そうぜんじょう》）の修行道をたどり、往時の名残りを訪ねながら山頂を往復するコースを紹介しよう。行程が長いので、ゆっくりと山行を楽しみたい場合は、山頂直下の唐沢《からさわ》小屋に泊まるプランがよいだろう。

西《にし》参道バス停から少し戻って西参道を進み、二荒山《ふたらさん》神社の左横の石畳の道を登っていく。坂道を登りきると目の前に**行者堂《ぎょうじゃ》**がある。女峰山へは階段を登り、行者堂の左から道標にしたがって杉林の中を登ると尾根に出る。

尾根道を登っていくと車道に出て、すぐまた林の中の急登をひと登りすると、右に大きな殺生禁断《せっしょうきんだん》境石《さかいいし》が立っている（近くにもう一基ある）。すぐ先で平坦になり、林を抜けるとまもなく防火帯で二俣に出る。どちらの道を行っても稚《ち》児《ご》ヶ墓《はか》で合流する。右のツツジの多い道を進むと**稚児ヶ墓**で、地蔵が祀られ、金剛堂が建っている。

しばらく林の中を行くと、開けてササ原になり、まもなく水場に着く。右の沢に水があるが豊富ではない。カラマツ林に入り、五禅頂（惣禅頂）時代に立てられた水呑の標柱をすぎると白樺金剛《しらかばこんごう》で、シロヤシオが多くなり、カラマツ林との境を登る。ちょっとした急登で露岩のある顕著な尾根に出る。左の尾根の先端部に日光五禅頂修行の碑伝が納められている。五禅頂当時の拝所・八風《はっぷう》なのか。先に進むと岩場に八風の標識が立っている。少し行くと黒岩《くろいわ》の分岐で、左のガレ場を横切ると**遥拝石《ようはいせき》**

■鉄道・バス
往路・復路＝JRまたは東武日光駅から東武バス湯元温泉、中禅寺温泉、奥細尾行きに乗り、西参道バス停で下車。西参道を進んで、二荒山神社の左側が登山道の入口になる。

■マイカー
日光宇都宮道路、日光ICから国道120号で約3㌔、総合会館前に24時間オープンの日光市営駐車場がある。ここから西参道に入り、登山道入口の二荒山神社に向かう。また、神橋で右折して稲荷川沿いに進み、滝尾神社の駐車場に駐車し、行者堂で二荒山神社からの道としてもよい。

■登山適期
5月下旬からはヤシオツツジにはじまり各種のツツジが登山道を彩る。白樺金剛付近から上部にはシロヤシオの群生地がある。夏期には頂上付近はガンコウランやコケモモが見られる。紅葉は9月下旬からで、雪の降る11月上旬まで楽しめる。

■アドバイス
▽マイカー利用なら、滝尾神社駐車場から行者堂で合流することも可能。
▽日帰りの場合は行程が長いので、日が長い夏がおすすめ。
▽コース途中の水場は水量が少ないことがあるので、日帰りの場合は出発前に準備した方がよい。唐沢小屋泊まりの場合は下の水場を利用する。往復25分ほどである。

に着く。ここは雲竜《うんりゅう》渓谷の絶好の展望台になっている。

　急登して尾根を左に横切るように進み、草付きをすぎ、樹林帯のきつい登りが終わると箱石金剛《はこいしこんごう》。2224㍍標高点の下を進んでいくと、林の切れ目から男体山《なんたいさん》、大《おお》真名子山《まなごさん》、小真名子山《こまなごさん》が目に入る。ガレ場を2箇所渡るとまもなく**唐沢小屋**だ。周辺には往時をしのばせるいくつかの不動明王像や金剛堂が祀られている。

　小屋からは樹林帯を抜け、急なガレ場の西側を登り、ハイマツ帯になるとすぐ**女峰山**の頂上に立つ。展望は360度さえぎるものがなく、那須、会津、尾瀬の山々、遠くは富士山も望める。

　展望を楽しんだら時間がかかるので早めに下山にかかろう。下山は往路を戻る。

（小島守夫）

山頂から帝釈山、小真名子山、大真名子山

CHECK POINT

1 正面の階段を登り行者堂の左から登りはじめる。右の道は滝尾神社へ

2 樹木帯を抜けると見晴らしのよいササ原になり、水場の標識がある

3 八風の地名板が立つガレ場。展望に恵まれ、休憩によい

4 黒岩の下を巻く、ガレ場のトラバースルート。滑落に注意

5 志津や寂光ノ滝方面からのルートの合流点に建つ唐沢避難小屋

6 山頂直下に田心姫命を祀る女峰山神社がある

■問合せ先
日光市日光行政センター☎0288・53・3795、日光市観光協会日光支部☎0288・54・2496、東武バス日光営業所☎0288・54・1138、三英自動車（タクシー）☎0288・54・1130
■2万5000分ノ1地形図
日光北部

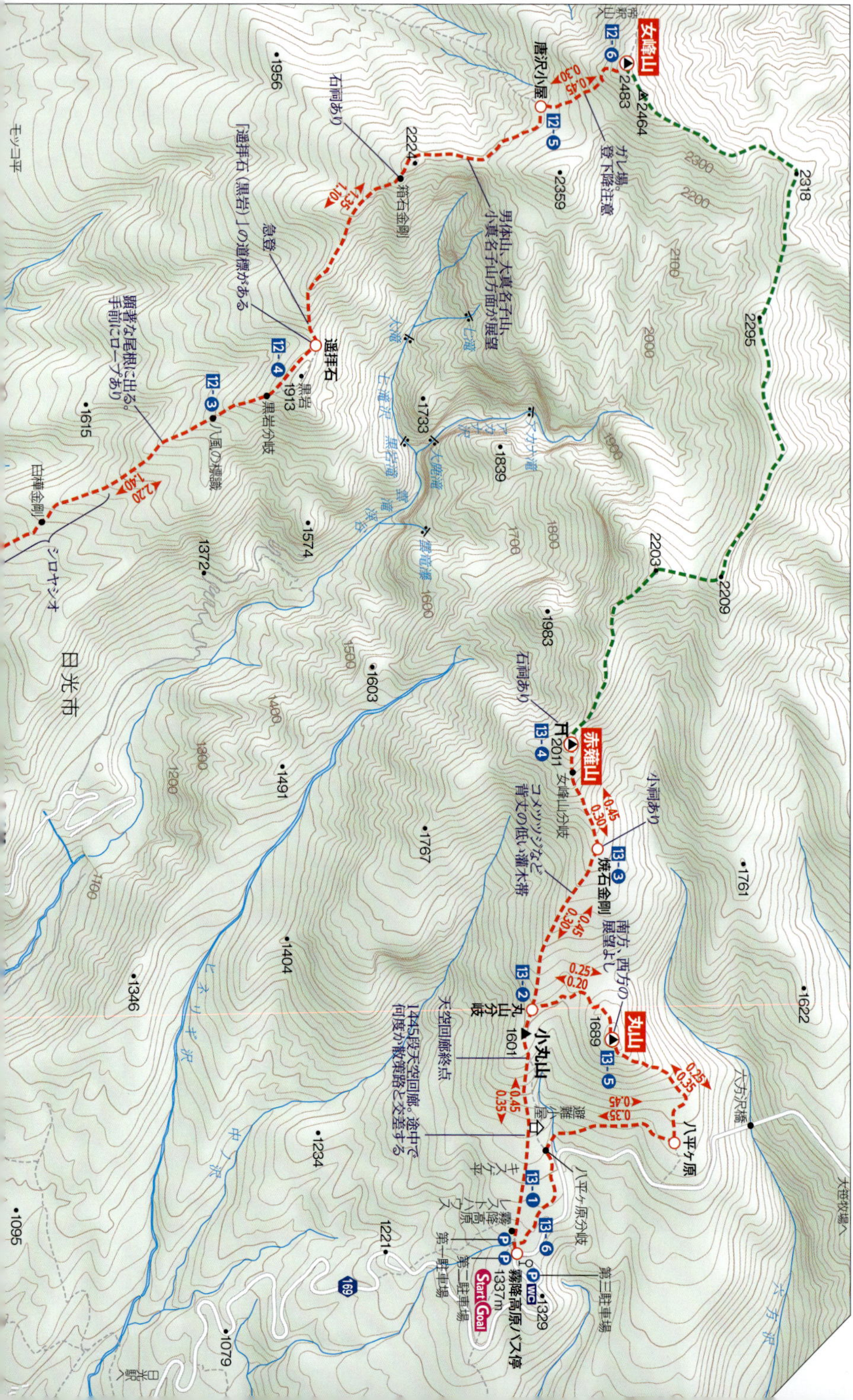

女峰山
帝釈山へ
2483
2464
唐沢小屋
カレ場、登下降注意
2318
2359
石祠あり
2224
箱石金剛
1956
男体山、大真名子山、小真名子山方面が展望
急登
「遥拝石（黒岩）」の道標がある
遥拝石
黒岩
1913
黒岩分岐
八風の標識
顕著な尾根に出る。手前にロープあり
白樺金剛
シロヤシオ
モッコ平
1615
1574
1372
七滝
大滝
七滝沢
黒岩滝
大鹿滝
マダラ滝
雲竜渓谷
雲竜瀑
1733
1839
2295
2203
2209
1963
石祠あり
赤薙山
2011
女峰山分岐
小祠あり
コメツツジなど背丈の低い灌木帯
焼石金剛
南方、西方の展望よし
1761
丸山
1689
1622
丸山分岐
小丸山
1601
天空回廊終点
1445段天空回廊。途中で何度か歩道と交差する
避難小屋
八平ヶ原
八平ヶ原分岐
キスゲ平
レストハウス
六方沢橋
六方沢
大笹牧場へ
霧降高原バス停
1337m
1329
第一駐車場
第二駐車場
第三駐車場
Start Goal
169
日光駅へ
日光市
1603
1491
1767
1404
1346
1234
1221
1095
1079

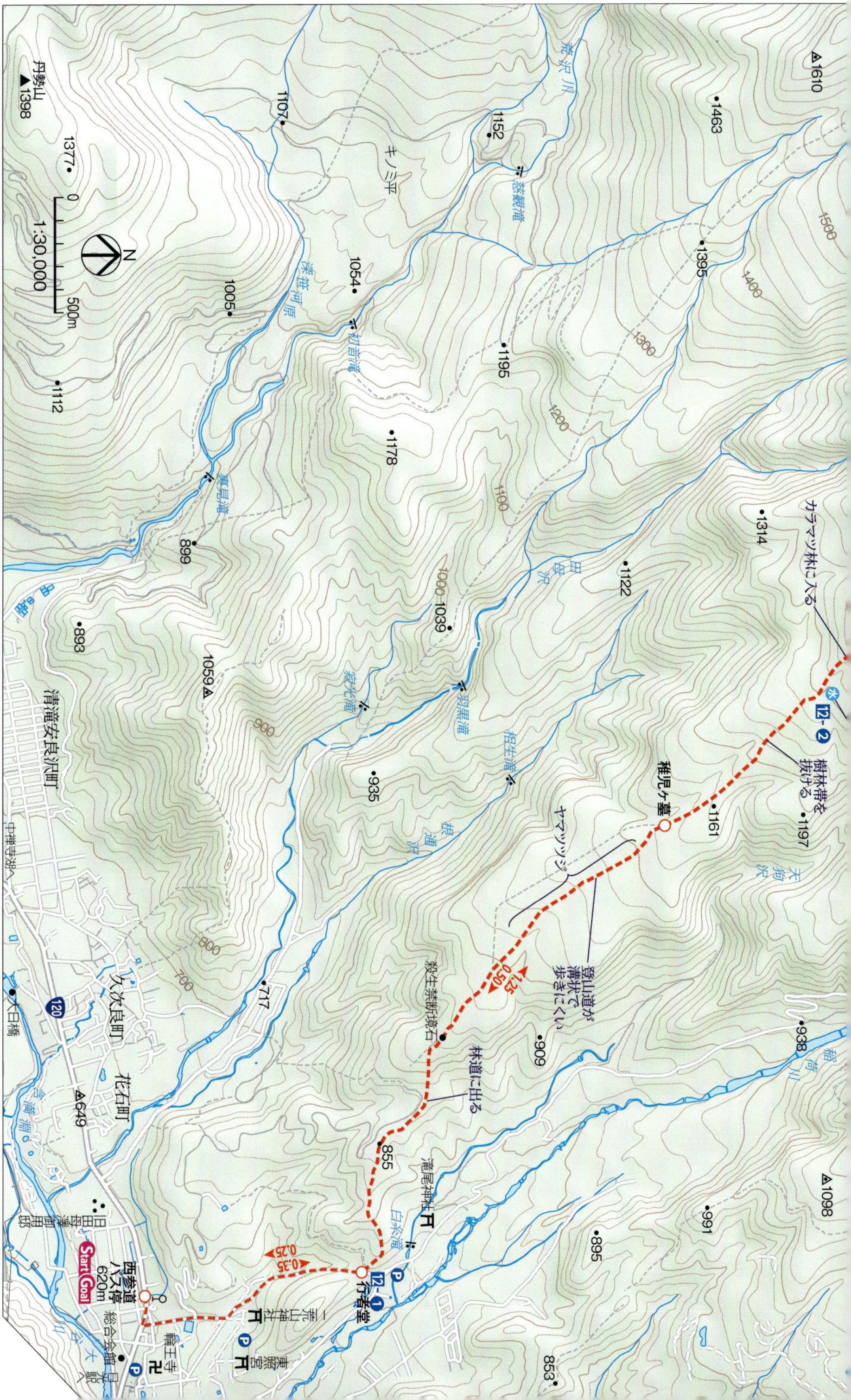
丹勢山
1398
1377
1:30,000
0
500m
N
1112
1005
1107
キノミ平
1054
深笹河原
初音滝
1152
慈観滝
荒沢川
1463
1610
1500
1395
1400
1300
1195
1200
1178
1100
裏見滝
899
1000
1039
田母沢
1122
1314
カラマツ林に入る
893
1059
清滝安良沢町
900
寂光滝
羽黒滝
935
相生滝
12-2
樹林帯を抜ける
稚児ヶ墓
1161
1197
天狗沢
ヤマツツジ
根通沢
登山道が溝状で歩きにくい
1:25
0:50
殺生禁断境石
909
938
稲荷川
中禅寺湖へ
大日橋
120
久次良町
800
700
717
林道に出る
花石町
649
含満淵
855
滝尾神社
白糸滝
1098
991
895
旧田母沢御用邸
Start Goal
西参道バス停
620m
0:25
0:35
行者堂
12-1
二荒山神社
総合会館
輪王寺
東照宮
日光駅へ
大谷川
853

13

ニッコウキスゲの大群落と関東平野の展望を楽しむ

赤薙山・丸山

あかなぎさん　2011m
まるやま　1689m

日帰り

歩行時間＝4時間40分
歩行距離＝6・5km

技術度

体力度

コース定数＝**18**

標高差＝674m

累積標高差 ↗750m ↘750m

↑天空回廊上部の展望台から赤薙山方面

←バス停とレストハウスの地点から左奥に赤薙山、右に丸山が見える

赤薙山は表日光《おもてにっこう》連山の東端に位置している。登山道途中のキスゲ平《だいら》は高山植物の宝庫で、ニッコウキスゲの大群生地である。開花期には多くのハイカーが訪れる。ここでは赤薙山と丸山をつなぐコースを紹介しよう。

ＪＲ日光駅または東武日光駅から霧降《きりふり》高原・大笹《おおささ》牧場行きの東武バスに乗り、**霧降高原バス停**で下車する。マイカー利用の場合はスキー場跡地に整備された霧降高原キスゲ平園地に3つの駐車場がある（ただし、ニッコウキスゲの最盛期には観光客で混雑することがある）。バス停前が登山口で、園地には霧降高原レストハウスから小《こ》丸山《まるやま》展望台まで1445段の階段（天空《てんくう》回廊）が整備され、展望を楽しみながら小丸山まで登ることができるが、途中で天空回廊に合流するので、花を愛でながら園地内の散策路を登るのもよい。

小丸山から**丸山分岐**をすぎ、低木のコメツツジやシモツケソウなどを見ながら展望の尾根を登って行くと、**焼石金剛《やけいしこんごう》**が岩の下にひっそりと祀られている。コメツガの

■**鉄道・バス**
往路・復路＝ＪＲまたは東武日光駅から東武バス霧降高原・大笹牧場行きのバスに乗り、霧降高原バス停で下車する。

■**マイカー**
東北自動車道宇都宮ICから日光宇都宮道路に入り、日光ICで降りて、県道青柳日光線で霧降高原方面に向かう。霧降高原キスゲ平園地に駐車場がある。

■**登山適期**
4月中旬からカタクリが咲きはじめ、下旬からはアカヤシオ、トウゴクミツバツツジ、シロヤシオ、ヤマツツジが次々に開花する。6月下旬から7月中旬にかけてはキスゲ平園地のニッコウキスゲの群生がみごと。紅葉は9月下旬からはじまる。

■**アドバイス**
▽登山口になる日光市霧降高原キスゲ平園地には、霧降高原レストハウス、1445段の天空回廊、散策路が整備されている。レストハウスでは周辺の情報が入手できるほか、2階には軽食レストランがある。

■**問合せ先**
日光市日光行政センター☎0288・53・3795、日光市観光協会日光支部☎0288・54・2496、東武バス日光営業所☎0288・54・1138、霧降高原レストハウス☎0288・53・5337、日光温

樹林帯に入ると展望がなくなり、途中の分岐を左に進むと20分ほどで**赤薙山**の山頂に着く。山頂には3等三角点が置かれ、赤薙山神社の鳥居と石祠がある。展望はよくない。

下山は往路を戻り、小丸山の手前にある**分岐**から道標にしたがって左折、丸山に向かう。歩きやすいササの道を進み、背丈の低いツツジの中を大きな岩の間を縫いながら登りつめると**丸山**山頂で、展望が開け休憩に最適だ。ここからの下りは急で、階段が終わるとすべりやすいので要注意。なだらかになると目の前が開けて、ササ原になると**八平**《やっぺい》**ヶ原**《はら》だ。分岐を右折して、いくつかの沢を渡り小丸山方面からの道と合流。鹿除けネットを右に見ながら下っていくと、10分ほどでスタート地点の**霧降高原バス停**に着く。　（小島守夫）

泉☎0288・53・3630、小倉山温泉ゆりん☎0288・54・2487

■2万5000分ノ1地形図
日光北部・鬼怒川温泉

天空回廊の途中からニッコウキスゲの群生地を見下ろす。霧降高原はその名の通り、霧が発生することが多い

CHECK POINT

1 キスゲ平園地に設置されている1445段の天空回廊を登る

2 小丸山の先にある丸山分岐。赤薙山へは直進、右は丸山、八平ヶ原方面

3 岩陰にひっそりと安置されている焼石金剛

4 赤薙山山頂には赤薙山神社が鎮まる

5 丸山方面分岐から約20分で丸山山頂に着く

6 八平ヶ原からいくつか沢を渡って下ると下山道に合流。左折して下るとスタート地点に戻る

＊コース図は46～47ページを参照。

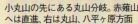

14

天空の牧場から隠れ三滝をめぐる

大山・隠れ三滝

おおやま　かくれさんたき　1158m

日帰り

歩行時間＝3時間35分
歩行距離＝6・5km

技術度
体力度

コース定数	＝11
標高差	＝－577m
累積標高差	↗241m　↘771m

ゴール近くのつつじヶ丘付近から赤薙山、女峰山方面

↑玉簾滝入口からすぐ下にかかる丸木橋を渡り、枝沢に入ると丁字滝が目に入る

霧降川にかかる橋のところから右に入るとマックラ滝

大山は霧降《きりふり》高原の東端に位置し、広大な牧場（休牧中）が広がっている。展望のよいコースを歩いたあと、もうひとつの楽しみである隠れ三滝が待っている。

ＪＲか東武日光《にっこう》駅から霧降高原行きか、大笹《おおざさ》牧場行きの東武バスに乗り、**霧降高原バス停**で下車する。バス停のある第一駐車場から戻って第二駐車場の南側から道標にしたがってキスゲ平《だいら》園地を背にしてハイキングコースを下っていく。春から初夏にかけて、シロヤシオ、サラサドウダン、ホツツジなどが咲き競う。

道路の下をくぐるとズミなどの花が咲き、途中オオカメノキ、アカヤシオなどを眺めながら下ると**戊辰《ぼしん》道**に合流する。戊辰戦争にまつわる説明板がある。左折して崩壊地を高巻きして沢に下ると合柄《がっから》橋に出るが、橋はなく涸れ沢を渡る。ここからは緩やかな登り下りで、レンゲツツジやヤマツツジ

■鉄道・バス　往路＝ＪＲまたは東武日光駅から東武バス霧降高原・大笹牧場行きに乗り、霧降高原バス停下車。復路＝霧降の滝バス停から日光駅行きに乗り、ＪＲが東武日光駅下車。

■マイカー　日光宇都宮道路日光ICから霧降の滝駐車場まで行く。霧降の滝バス停から霧降高原・大笹牧場行きに乗り、霧降高原バス停下車。

■登山適期　4月にはカタクリが咲きはじめ、ヤマツツジ、レンゲツツジと続く。秋は10月ごろから紅葉がはじまる。

■アドバイス　時間があれば霧降滝展望台まで足をのばすとよい。近年、梅雨の季節から夏期にかけてヤマビルの被害があるので注意が必要。

■問合せ先　日光市日光行政センター☎0288・54・3795、日光市観光協会日光支部☎0288・54・2496、東武バス日光営業所☎0288・54・1138、日光温泉☎0288・53・3630、小倉山温泉ゆりん☎0288・54・2487

■2万5000分ノ1地形図　日光北部・鬼怒川温泉

が咲く道を歩き、道標の立つ畑原《はたけっぱら》に着く。

すぐ先の牧柵を越えて広大な牧場（休牧中）の中を登りつめるとあずまやのある**大山**山頂だ。振り返ると男体山《なんたいさん》、女峰山《にょほうさん》など日光連山を一望できる。

頂上からは南に下り、牧柵を出て牧場内の管理道を展望を楽しみながら下っていく。霧降川に出たら橋の手前を右の川原に下りて、角材の橋を渡るとツメタ沢にかかる**マックラ滝**に着く。豪快にしぶきをあげて落下し、みごとだ。

橋まで戻り、道路を横切って川沿いにハイキング道を下っていくと玉簾滝《たますだれ》の観瀑台がある。少し下ると玉簾滝に行く道があるので行ってみるとよい。すぐ下に丁字滝《ちょうじ》への分岐があり、丸木橋を渡って下流に進む。右の沢に入ると丁字滝で、少し戻り、分岐を沢沿いに登っていく車道に出る。

左折して橋を渡り、舗装路を5分ほど歩いて、遮断機の左横からハイキング道に入る。春にはヤマツツジの咲く道を下ると、**霧降の滝入口バス停**に着く。（小島守夫）

CHECK POINT

1 戊辰道の分岐を左折し、崩壊地をすぎて沢に出ると合柄橋（橋はない）の道標がある

2 牧草地を登りつめると大山山頂。霧降高原、日光連山の眺めがすばらしい

3 マックラ滝から戻って左岸沿いの道を20分も下ると玉簾滝に着く

4 遮断機の手前を左に入り、登山道を下っていくとつつじヶ丘に出る

15 日本一高所にある湿原を訪ねる

鬼怒沼山

きぬぬまやま 2141m

日帰り

歩行時間＝8時間20分
歩行距離＝21・2㎞

技術度

体力度

コース定数＝37	
標高差＝1031m	
累積標高差	1440m / 1440m

鬼怒沼山は栃木県の中央を流れる鬼怒川源流の山で、標高約2000㍍の高所に湿原を抱えている。鬼怒沼湿原とよばれ、尾瀬《おぜ》ヶ原《はら》よりも約600㍍高所にあり、日本で最も高い高層湿原である。

鬼怒沼山への登山口は**女夫渕**《めおとぶち》で、ここから奥鬼怒スーパー林道に入る。橋を渡るとすぐ右手に奥鬼怒歩道の案内看板と、路肩につけられた鉄製の階段がある。案内にしたがって奥鬼怒歩道に足を踏み入れる。10分ほど登ると鬼怒の中将《ちゅうじょう》乙《おと》姫《ひめ》橋に着く。この吊橋を渡って鬼怒川の左岸に移る。ここからは広い歩道で、気分よく歩くことができる。女夫渕から1時間30分ほどで八丁《はっちょう》の湯《ゆ》、そして加仁《かに》湯《ゆ》、**日光沢温泉**《にっこうざわ》と続く。

日光沢温泉から先は、いよいよ山道になる。日光沢温泉の渡り廊下の下を通ると、すぐに根名草山《ねなぐさやま》方面への道を分ける。右手にルートをとり、筬音橋《おさおと》を渡って川の左岸を進む。

オロオソロシの滝

■鉄道・バス

往路・復路＝東武鉄道鬼怒川線鬼怒川温泉駅から日光市営バスを利用。1時間35分で女夫渕に着く。

■マイカー

国道121号を鬼怒川温泉から会津方面に走り、県道23号を突き当たりまで行ったところが登山口の女夫渕になる。日光市営の駐車場にはトイレも整備されている。なお、奥鬼怒スーパー林道は一般車は通行はできない。

女夫渕バス停。駐車場とトイレがある

原生林を抜けると鬼怒沼湿原の南端に飛び出す

日光沢温泉から30分ほどで丸沼《まるぬま》温泉へのルートを分ける。丸沼温泉へは吊橋を渡っていくが、鬼怒沼へはこのまま直進する。ルートは木道などが整備されているが、濡れているとすべりやすいので注意して歩こう。コメツガやトウヒなどの樹林帯の急坂を30分ほど登っていくと**オロオソロシの滝展望台**に着く。正面にオロオソロシ沢にかかる白いオロオソロシの滝が見える。

ここから20分ほど登るとベンチのある休憩所で、正面に日光白根《にっこうしらね》山《さん》の独特の風貌を見ることができる。風の通らない少し薄暗く感じる樹林帯を1時間ほど歩くと**鬼怒沼**の南端にたどり着く。さえぎる樹木のない湿原は明るく、足もとの高山植物や日光白根山、尾瀬の燧《ひうち》ヶ岳《たけ》などの山々の眺めが堪能できる。

鬼怒沼山へは湿原の木道を北端まで進み、**丁字路**を右手に行く。緩い登りが終わり、ほんの少し急に下ったところで二股に分かれる。道標にしたがって右に登っていくと、樹林に覆われ、ほとんど展望のない**鬼怒沼山**山頂に着く。

下山は往路を戻ることになる。長丁場になるので充分注意して下山したい。（梅原 浩）

CHECK POINT

1 女夫渕から橋を渡り、奥鬼怒歩道の階段に足を踏み入れる

2 鬼怒の中将乙姫橋を渡り、川沿いの歩道を日光沢温泉へ

3 日光沢温泉の渡り廊下をくぐると道は険しくなってくる

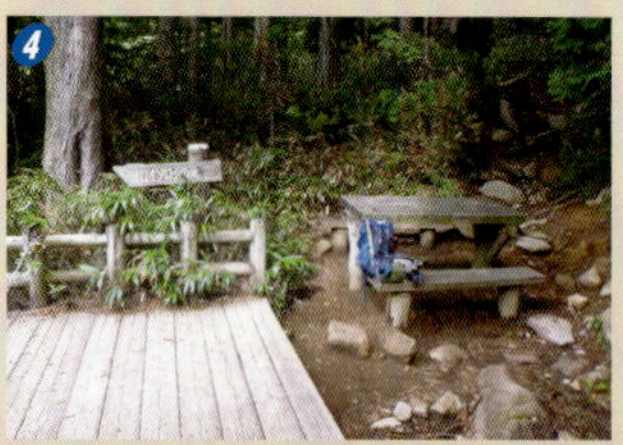
4 オロオソロシの滝展望台。ここから対岸の滝を望む

5 高層湿原の鬼怒沼は、鬼怒川の水源で高山植物の宝庫

6 尾瀬沼へと続く縦走路から鬼怒沼山への道を分ける

■**登山適期**
6月中旬になると雪も消え、湿原はチングルマやワタスゲなどの花の季節を迎える。9月中旬には、湿原が草紅葉の季節になり、11月を迎えると雪の季節になる。

■**アドバイス**
▽女夫渕から鬼怒沼山の往復は、長時間の登山になる。日程に余裕がある場合は、途中にあるログハウス風の八丁の湯、温泉ホテルのような加仁湯、山小屋風の日光沢温泉とバラエティに富んだ温泉に宿泊する計画がおすすめ。
▽登山者のほとんどは、鬼怒沼山頂までは行かず、鬼怒沼湿原を目的地にしている。鬼怒沼は、尾瀬ヶ原よりも約600㍍ほど高所にあり、大小47の池塘が東西約410㍍、南北約720㍍にわたって広がっている。

■**問合せ先**
日光市栗山行政センター☎0288・97・1136、日光市営バス☎0288・21・5151

■**2万5000分ノ1地形図**
川俣温泉・三平峠

燕巣山からの根名草山

16

根名草山

ねなくさやま
2330m

奥日光から静寂の尾根歩き

日帰り

歩行時間＝8時間30分
歩行距離＝19・0km

技術度

体力度

コース定数＝39

標高差＝842m

累積標高差 ↗1702m ↘1702m

根名草山は、奥日光《おくにっこう》から奥鬼怒《おくきぬ》温泉郷へ連なる稜線にあり、原生林に囲まれた山体の東西面は崩落のある急峻な山である。

ここでは、奥日光の金精峠《こんせいとうげ》トンネル入口登山口から金精峠、温泉《ゆせん》平《だいら》、念仏平《ねんぶつだいら》避難小屋を経て根名草山を往復するコースを歩いてみよう。

ＪＲ日光駅もしくは東武日光駅から湯元《ゆもと》温泉行き東武バスに乗り、終点で下車。**湯元温泉**源泉の刈込《かりこみ》湖登山口から急登し、金精道路（国道１２０号）に出て左折し、車道を金精峠トンネルに向かう。途中の石楠花平《しゃくなげだいら》からは、湯元温泉街、湯《ゆ》ノ湖《こ》、その向こうに戦《せん》場《じょう》ヶ原《はら》方面の眺望がよい。

トンネル入口の駐車場がこのコースの**登山口**である。金精峠までは道が悪いので、注意していこう。

歩きはじめると急登の階段が続き、ガレ場や鉄バシゴを登っていくとササの道となり、**金精峠**に着く。峠は十字路になっており、南側には湯ノ湖、男体山《なんたいさん》方面のすばらしい展望が開ける。金精神を祀る金精神社が建ち、中には江戸中期作といわれるご神体が鎮座している。神社の背後には金精山《こんせいざん》、笈《おい》吊岩《づるいわ》がそびえる。

峠から右に温泉《ゆせん》ヶ岳《たけ》方面へ緩やかに登っていく。６月初旬には群生するシャクナゲの花がすばらしい。きつい登りが緩やかになると、温泉ヶ岳への分岐である。時間に余裕があれば山頂往復していこう。薬師如来を祀る日光修験の信仰の山である。

分岐を左に見て進み、ササの道を横切ると展望が開け、眼下に刈込湖が見えてくる。その先、**温泉《ゆせん》**

■鉄道・バス
往路・復路＝ＪＲ日光線または東武日光線日光駅から東武バス湯元行きに乗り、終点下車。6〜10月は、尾瀬戸倉〜日光湯元間のバス（1日3本）があるが、金精峠には止まらない。

■マイカー
日光宇都宮道路清滝ICから国道120号で約31・5《キロ》。金精トンネル入口に駐車場があり、約15台駐車可能。花の時期は満車になることがある。

■登山適期
6〜10月、アズマシャクナゲは6月初旬、ハクサンシャクナゲは7月初旬、紅葉は10月上旬が見ごろ。

■アドバイス
▽前夜、湯元温泉泊の場合、予約時に金精峠トンネルまで送ってもらえるか確認するとよい。
▽温泉ヶ岳には分岐から登り15分、下り10分ほどである。
▽念仏平避難小屋は15名ほど宿泊可能。水は小屋手前300《メートル》の渡ってきた沢水を使用。
▽計画によっては、根名草山頂から北に奥鬼怒温泉郷方面へ下山し、温泉泊もよい。日光沢温泉までは山頂から約2時間。

■問合せ先
日光市日光行政センター☎0288・53・3795、日光市観光協会日光支部☎0288・54・2496、

山頂の樹間から鬼怒沼の向こうに尾瀬燧ヶ岳を望む

平《だいら》から広い尾根道を進み、小さな沢を渡っていくと**念仏平避難小屋**だ。無人だが、きれいに管理された小屋である。

避難小屋をすぎて、立ち枯れの中に若い木が育つ林の中を進む。途中からは南西方向には奥白《おくしら》根《ね》山《さん》が間近に望め、緩やかにアップダウンを繰り返して進んでいくと、目指す**根名草山**の山頂に着く。山頂からは尾瀬《おぜ》の燧《ひうち》ヶ岳《たけ》や会津《あいづ》、新潟方面の山々を望むことができる。鬼怒沼《きぬぬま》の湖面も光り輝いている。

山頂から道を先に進むと、日光沢温泉など奥鬼怒温泉郷へ下ることになるが、今回は、山頂をあとに、来た道を戻ろう。（仙谷富英）

CHECK POINT

1 金精峠登山口のトンネル入口駐車場。ここから金精峠へ

2 金精峠に向かう途中から荒々しい岩壁の笈吊岩を見る

3 金精峠の金精神社、背後は金精山。かつては峠を越えて群馬県に入った

4 温泉平付近の稜線からの刈込湖、切込湖。背後は山王帽子山を越えて太郎山

5 登山道途中の念仏平避難小屋

6 根名草山山頂。鬼怒沼、尾瀬方面の山々の眺望がよい

日光湯元ビジターセンター☎0288・62・2321、日光市観光協会湯西川・川俣・奥鬼怒支部☎0288・97・1126、東武バス日光日光営業所☎0288・54・1138

■2万5000分ノ1地形図
男体山・川俣温泉

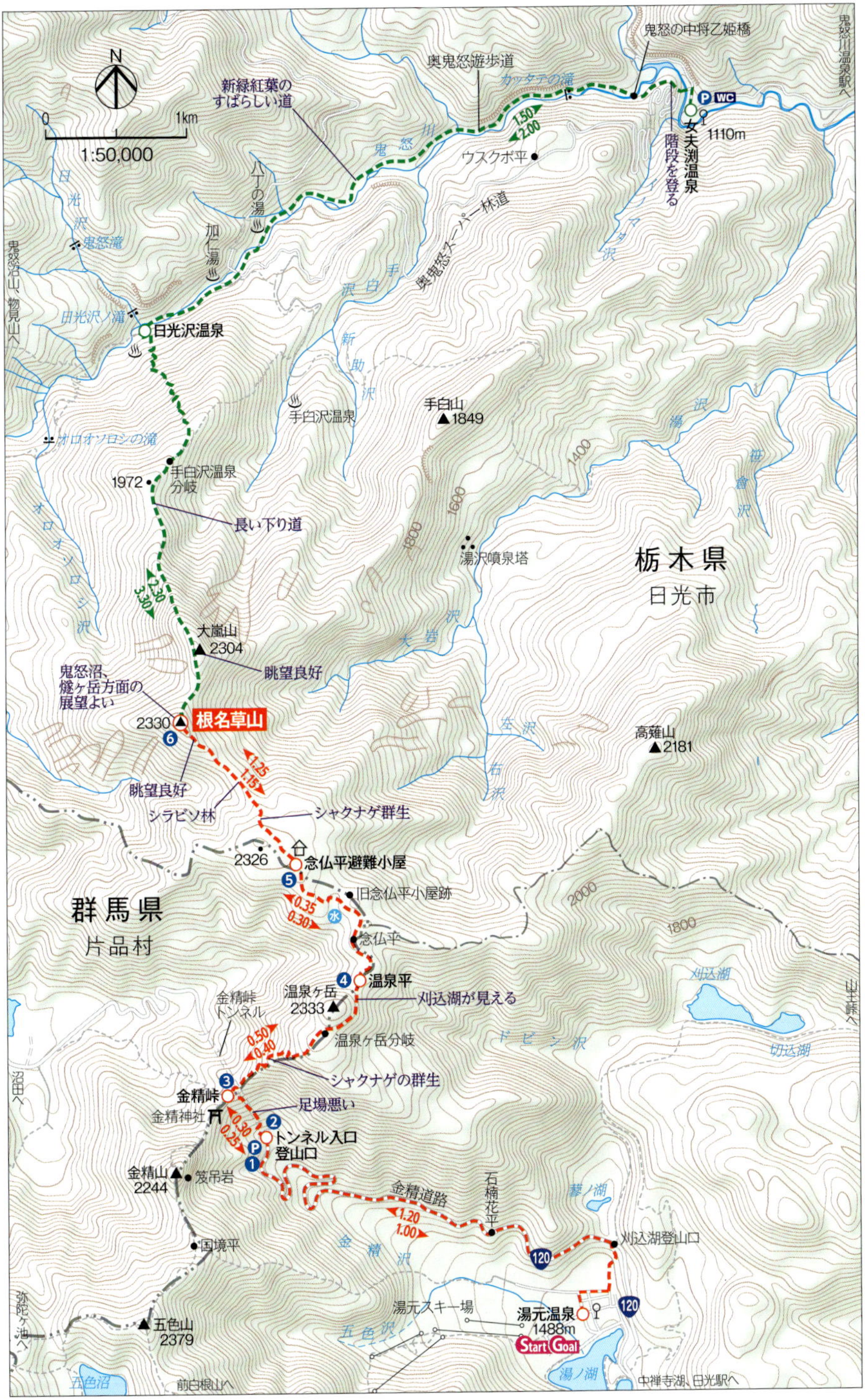
1:50,000
新緑紅葉のすばらしい道
奥鬼怒遊歩道
鬼怒の中将乙姫橋
女夫渕温泉
1110m
階段を登る
ウスクボ平
奥鬼怒スーパー林道
八丁の湯
加仁湯
日光沢温泉
手白沢温泉
手白山
1849
手白沢温泉分岐
1972
長い下り道
湯沢噴泉塔
栃木県
日光市
大嵐山
2304
眺望良好
鬼怒沼、燧ヶ岳方面の展望よい
2330
根名草山
眺望良好
シラビソ林
シャクナゲ群生
2326
念仏平避難小屋
旧念仏平小屋跡
念仏平
群馬県
片品村
高薙山
2181
温泉平
温泉ヶ岳
2333
刈込湖が見える
金精峠トンネル
温泉ヶ岳分岐
シャクナゲの群生
金精峠
金精神社
足場悪い
トンネル入口
登山口
金精山
2244
笈吊岩
金精道路
石楠花平
刈込湖登山口
国境平
五色山
2379
湯元スキー場
湯元温泉
1488m
Start Goal
刈込湖
切込湖
蓼ノ湖
湯ノ湖
五色沼
鬼怒川温泉駅へ
鬼怒沼山、物見山へ
沼田へ
山王峠へ
弥陀ヶ池へ
前白根山へ
中禅寺湖、日光駅へ

17

中三依の奥にそびえる三角錐の山

芝草山

しばくさやま
1342m

日帰り

歩行時間＝4時間55分
歩行距離＝10・4km

技術度 ●○○○○

体力度 ●●○○○

コース定数＝21

標高差＝698m

累積標高差 ↗830m ↘830m

中三依集落からの芝草山。手前ピークが大岩

芝草山は、会津西《あいづにし》街道（国道121号）中三依《なかみより》の北西にそびえる、三角錐の形の端正な山である。登山口へ向かう途中、国道に沿って流れる男鹿《おじか》川へ合流する入山沢《いりやまさわ》は、秋には渓流沿いの紅葉がすばらしい。

ここでは、野岩《やがん》鉄道会津鬼怒川《きぬがわ》線中三依温泉駅を起点とした芝草山往復のコースを紹介しよう。

中三依温泉駅を出て、国道を右折。橋を渡り、その先を左に入山沢に沿って、入山沢林道を行く。入山沢の途中には、小さな滝や淵などがあり、夏の水遊び、秋の紅葉など楽しみはつきない。

見通《みとおし》沢の合流点の見通橋を越え、太郎《たろう》温泉（閉館）をすぎて右にのびる中《なか》の沢《さわ》林道との分岐に着く。入山沢林道はこの先左の方に折れるが、分岐を少し先に進むと登山口となる。車の場合は、中の沢分岐や登山口周辺に数台駐車可能である。

登山口は、ここにのびる尾根の末端にある。**登山口**の標識から登山道に入る。道は尾根の右を横切るように進み、その後、杉林の中をつづら折りに登っていくと、送電線鉄塔が見えてくる。

目の前が明るく開けてくると東京電力塩原線**33号鉄塔**である。南方に展望が開け、持丸山《もちまるやま》や高原山《たかはらさん》が望まれる。登山道はこの送電線の巡視路になっており、5分ほど進むと木につけられた芝草山への標識が現れ、右の尾根に入る。まっすぐ進むと34号鉄塔まで行ってしまうので注意が必要だ。

両側の切れたやせ尾根の急な登山道を登っていき、いくらか緩や

■鉄道・バス
往路・復路＝野岩鉄道会津鬼怒川線中三依温泉駅（無人駅）下車。

■マイカー
東北自動車道西那須野塩原ICから国道400号、121号などで約34㌔。日光宇都宮道路今市ICからは国道121号などで約42㌔。登山口付近に数台駐車可能。

■登山適期
ヤマツツジやイワウチワの咲く春（4月）から紅葉の秋（11月）がよい。

■アドバイス
▽駅から徒歩3分のところに、中三依温泉男鹿の湯がある。下山後に汗を流し、さっぱりするのもよい（11月下旬～3月中旬冬期休業）。また、ここにはみよりふるさと体験村として、ケビンやキャンプサイト、バーベキュー場なども整っている。

▽登山口のすぐ先には三依渓流つり場があり、渓流釣りやバーベキューが楽しめる。

▽山頂は双耳峰になっており、本書の山頂は南のピークである。北のピークから送電鉄塔を通り、沼ノ沢に下り、ここから荒海山（荒海太郎山）への道が開削されたが、通る人もなく、現在はやぶに覆われ通行不能。

▽上三依には、日光市水生植物園があり、ミズバショウやヒマラヤの青いケシが人気となっている。

■問合せ先

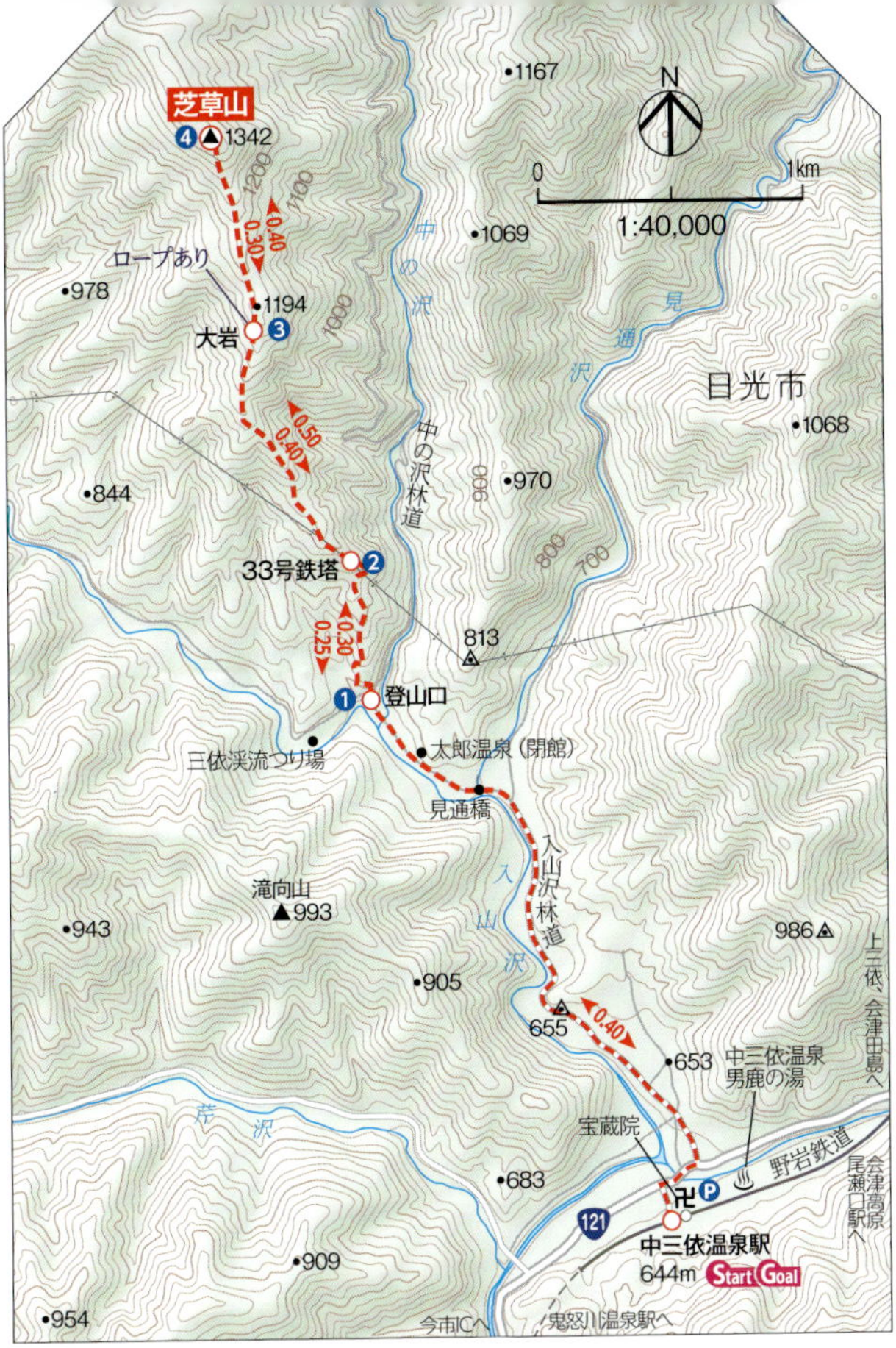

かな登りになると、目前に岩壁が現れる。地図上の「大岩」下部である。左に巻くようになっている道を進むと、ロープがつけられた30㍍ほどの急登となる。すべらないよう注意して確実に進もう。登りきると**大岩**のピークの裏側である。ここからは登山口の中三依方面が一望できる。ひと息入れて、急登の疲れをいやすのもよいだろう。

いよいよここから山頂に向け、最後の150㍍の急登になる。尾根にはブナが現れ、植生に変化が見られる。クマザサの道となり、登りも緩やかになると**芝草山**山頂に着く。3等三角点の山頂は狭く、樹木にさえぎられて展望はよくない。それでも樹間からは北西に荒《あら》海山《かいさん》が望まれる。

下山は来た道を戻るが、やせ尾根や岩場もあり、急がず、つまづかないよう足もとに注意していこう。

（仙石富英）

野岩鉄道株式会社本社施設課☎0288・77・3621、日光市藤原行政センター☎0288・76・4111、みよりふるさと体験村・中三依温泉男鹿の湯☎0288・79・0262、三依渓流釣り場☎0288・79・0110、日光市上三依水生植物園☎0288・79・0377

■2万5000分ノ1地形図
五十里湖・荒海山

CHECK POINT

1 芝草山登山口。ここから尾根に入る

2 東電塩原線33号鉄塔

3 大岩の急登。足もとに注意して登る

4 急登すると、芝草山山頂に出る

南平山遠景

18

平家落人の黄金伝説の山

南平山

なんだいらさん
1008m

日帰り

歩行時間＝3時間10分
歩行距離＝6・0km

技術度
体力度

コース定数＝**14**	
標高差＝493m	
累積標高差	↗635m ↘635m

鬼怒川沿いの小網ダム遊歩道

南平山は、鬼怒川《きぬがわ》温泉の上流、川治《かわじ》温泉のすぐ西に隣接している。平家黄金伝説の山で、短時間で登れることから、温泉に泊まったついでに登るのに手ごろな山である。

南平山登山の起点になる**川治湯元駅**へは、東京方面から東武日光《にっこう》線、野岩《やがん》鉄道と乗り継ぐ。駅から国道121号に向かって50㍍ほど進み、右手にある舗装道路を行き、川治発電所を回って、鬼怒川の縁にある川治運動公園を抜け、薬師《やくし》の湯《ゆ》まで下りていく。マイカー利用の場合は、薬師の湯前の駐車場が利用できる。

黄金橋《こがね》で鬼怒川を渡り、小網《こあみ》ダム遊歩道に入って10分ほど進むと、右手に南平山の**登山口**が現れる。登山の案内板が設置されているので、よく確認していこう。

登りはじめるとすぐに杉の植林地を右手に見る。斜面を横切りながら抜けるとミズナラなどの広葉樹林帯となり、急斜面をジグザグに登って送電線鉄塔のある鞍部に出る。**鉄塔敷**は、この山で唯一視界の開けるところである。

ここで川治第二トンネルからくる鉄塔管理道と合流する。管理道はよく刈り払いされているので、

鉄塔手前の登山道

■鉄道・バス
往路・復路＝野岩鉄道川治湯元駅下車、駅から登山ができる。
■マイカー
日光宇都宮道路今市ICからは国道121号などで約26㌔。川治運動公園の先にある薬師の湯の駐車場を利用する。
■登山適期
低山だけに真夏は暑い。春の新緑のころと秋の紅葉のころがおすすめ。黄金橋を渡ったところにあるあじさい公園のアジサイは、6～7月にか

下山時にそちらに入らないよう、しっかり確認しておこう。

　ここから南平山を目指して登っていくが、ルートは明瞭で、200メートルごとに指導標が立っている。登山道はジグザグに道がついていて、勾配は緩やかだ。広葉樹の森は、新緑や紅葉のころが特にすばらしい。

　標高約900メートルのところにあずまやがある。ここから3等三角点のある山頂まではほんのひと登りだ。

　平家の黄金伝説が書かれた看板の立つ**南平山**山頂は、広くて静かなところである。

　下山には往路を戻ることになる。

（梅原　浩）

■アドバイス
▽登山口にある薬師の湯（☎028・78・0229）は、日帰りの温泉施設で、下山後の入浴に最適。
■問合せ先
日光市役所藤原行政センター☎0288・76・4100
■2万5000分ノ地形図
川治

CHECK POINT

1 川治湯元駅からこれから登る南平山を眺める

2 黄金橋で鬼怒川を渡る。あじさい公園を経て小網ダム遊歩道を行く

3 小網ダム遊歩道から南平登山口に道を分ける

4 鉄塔敷からの眺め

5 あずまや。この付近に黄金塚がある

6 山頂には南平山の黄金埋蔵伝説を伝える看板がある

19

日光連山の雄大な展望とヤシオツツジ、ヤマツツジに彩られる山

夫婦山・月山

めおとやま　1342m
がっさん　1287m

日帰り

歩行時間＝7時間20分
歩行距離＝17・0km

技術度
体力度

コース定数	＝34
標高差	＝665m
累積標高差	↗1470m ↘1470m

月山への途中の尾根から見る夫婦山

登山道の樹間からの栗山ダム

夫婦山と月山は、栗山《くりやま》ダムを間に東西に対峙している。4月下旬の月山のヤシオツツジ、5月中旬の夫婦山南面に広がるヤマツツジがみごとだ。

登山口の**日蔭《ひかげ》バス停**から、江戸《えど》川《がわ》橋手前の自在寺《じざいじ》で左折し、狭い車道沿いの登りとなる。この道が日蔭牧場を通り、最奥の栗山ダムに通じる道である。

約1キロ行くと日蔭牧場の最初のゲートが現れ、さらに2キロほど牧場の中を行くと、道も直線となり、牧草地が開けてくる。夫婦岩の上に並ぶ小さな石祠をすぎ、牧場の2つ目のゲートのところが**夫婦山登山口**である。

牧柵沿いにササに隠れた道を進み、樹林を抜け、左前方の2本の松の木を目指す。この松の木から先の道もササに覆われ不明瞭になっているが、ここからは北西上方に見える大岩を目指す。

以前は大岩を経由せず山頂へ北東に山腹を横切る道を進んでいたが、最近はほとんど使われなくなり、不明瞭になっている。

松の木からヤマツツジの群落の中を100メートルほど進み、再び樹林に入り、北西方向へ登っていく。ササ原に出ると目前に大岩が現れる。ここからは尾根を山頂に向かう。**夫婦山**山頂はササ原の広がる

■鉄道・バス
往路・復路＝東武鬼怒川線鬼怒川温泉駅から日光市営バス女夫渕行きで日蔭バス停下車。

■マイカー
日光宇都宮道路今市ICから国道121号、県道245号、169号などで大笹牧場を経由し、約34キロで栗山ダム広場の駐車場へ。登山口付近の路肩に数台駐車可能。また、栗山ダム広場にも駐車可能。

■登山適期
冬は積雪のため一般には向かない。春先の4月下旬からのヤシオツツジやヤマツツジの咲くころがよい。

■アドバイス
▽夫婦山は入る人が少なく、ササが深いため、ルートファインディングが必要になる。
▽栗山ダム広場には、駐車場、トイレ、洗面所もあるが、飲用不適。
▽月山からの下山は登ってきた道を戻り、分岐を右に下り、ササ原からダムサイトに沿って、管理棟をすぎて、ダム広場に戻るコースが一般的。
▽栗山には、平家落人伝説にちなんだ史跡などがある。時間に余裕があれば立ち寄るのもよい。
▽夫婦トンネルを通るため懐中電灯を用意した方がよい。

■問合せ先
日光市栗山行政センター☎0288・97・1112、日光市観光協会湯

奥にある。山頂からは、南西に霧《きり》降《ふり》高原を前景に赤薙山《あかなぎさん》、女峰山《にょほうさん》が雄大に広がり、東は栗山ダムの湖面と背後に月山が望める。

下山は大岩を目指し、往路を下る。

月山へは、**夫婦山登山口**からさらに車道を進み、夫婦トンネルを越え、**栗山ダムの広場**が起点となる。ここからダムサイトへの分岐をすぎ、500㍍《メートル》ほど先のビーフピア広場に入った左の尾根が**登山口**となる。多少急だが、取り付けられたロープをつかんで尾根に入る。

しだいに急になるが、ヤシオツツジが群生する尾根道をほぼ東に進み、「月山」の標識をすぎ、鞍部を越えると**月山**山頂である。山頂は狭く、2等三角点と石祠があるのみだが、360度の展望である。

下山は山頂から南西のやせ尾根を下るが、岩場や鎖場があるので注意して下ろう。岩場をすぎ稜線に出ると、左眼下に今市《いまいち》ダムの湖面が光って見える。稜線を進んで鞍部から緩やかに登り、平らなピークから北の尾根を下る。この時、西寄りの尾根に入り込まないよう注意。ササの中を下るとビーフピア広場に出るが、水路に沿ってトンネルの入口まで行き、道路を**ダム広場**に戻る。

ここからは、来た道を引き返し、**日蔭バス停**へ下る。（仙石富英）

西川・川俣・奥鬼怒支部☎0288・97・1126、今市発電管理事務所☎0288・21・3731

■2万5000分ノ地形図

川治・鬼怒川

CHECK POINT

① 日蔭牧場脇の夫婦山登山口

② 目印の松の木、左上方に目指す大岩が見える

③ 栗山ダム広場から月山を目指す

④ ビーフピア広場の登山口。ここから尾根に上がる

⑤ 2等三角点と石祠のある月山山頂

⑥ 下山途中の稜線から見る今市ダム

20

山頂の電波反射板が目印の山

茶臼山・毘沙門山

ちゃうすやま　517m
びしゃもんやま　587m

日帰り

歩行時間＝3時間35分
歩行距離＝7・8km

技術度
体力度

コース定数＝13
標高差＝200m
累積標高差　350m　350m

大谷川畔から望む茶臼山（右）、毘沙門山（左）

旧今市《いまいち》市中心部からも近く、大《だい》谷《や》川の北に連なる桧が植林されたコースは、これといった特徴はないが、ハイキングに手ごろな山である。山名から信仰との関わりが想像されるが定かではない。

今市の市街地から、大谷川の北に望む南北に連なる尾根が、紹介する茶臼山から毘沙門山へのコースである。毘沙門山の山頂には電波の反射板があり、遠くからもよくわかる。ここでは、東武鬼怒川《きぬがわ》線大谷向《だいやむこう》駅から倉《くら》ヶ崎《さき》の茶臼山に登り、毘沙門山から県道を南下し、再び大谷向駅に戻るコースを縦走してみよう。

大谷向駅を出て左に、大谷橋の国道121号交差点を渡り、鬼怒川方面へ国道左側の歩道を進む。前方左側の山がこれから向かう茶臼山である。南面は岩肌の崖となっている。今市警察署をすぎ、800㍍ほど進むと、「茶臼山ハイキングコース」と書かれた小さな標識が置かれている狭い道を左に入る。**登山口**は国道から入ってすぐ、駐車場脇のフェンスのところにあり、「茶臼山ハイキングコース入口」の標識が立っている。

毘沙門山山頂から特異な形の鶏岳を見る

■鉄道・バス
往路＝東武鬼怒川線大谷向駅下車。
復路＝下山口から県道栗山今市線に出た日光市斎場前に日光市営バス（小百線）のバス停があるが、本数が少なく、日曜・祭日は運休。一般には徒歩で大谷向駅に戻る。

■マイカー
茶臼山登山口にある駐車場は、向かいのカラオケ店の私有地であり、無断駐車は禁止。コース下山口の作業道終点には車4～5台ほど置けるスペースがある。

■登山適期
年間を通して登れるが、夏は木々が茂り、見通しもよくないため、新緑か紅葉の時期がよい。

■アドバイス
▽茶臼山登山口には、駅を出て国道バイパスを通らず、旧国道の日光杉並木街道を行くのもよい。
▽最寄駅とした東武鉄道大谷向駅は、下今市駅からひとつ目の無人駅である。余裕があれば、歩く距離は長くなるが、下今市駅から大谷橋を渡っていくのもよい（駅から大谷橋を渡った地点まで約1・2㌔）。

■問合せ先
日光市観光協会今市支部☎0288・21・5611、日光市営バス☎0288・21・5151、関東自動車総合サービス事業部☎028・632・6110

CHECK POINT

茶臼山登山道入口

登山道途中の茶臼山山頂

毘沙門山へ続く岩肌の道

毘沙門山山頂。写真右は高原山方面

いよいよ登山道に入る。いきなり階段状の急登だが、10分ほど登ると尾根になる。眺望はよくないが、樹間から左の眼下に、歩いてきた国道が見下ろせる。緩やかに続くアップダウンを越えると、標識のある**茶臼山**の山頂に着く。桧に囲まれていて展望はない。

山頂から樹林の中、薄暗い尾根を先に進み、30分ほどで毘沙門山への分岐の標識が現れる。ここは直進し、前方に見える**テレビ中継局**の建物を目指す。このピークからはようやく東の方向に展望が開ける。尾根を北に下っていくと、先ほどの分岐からの巻道と合流し、尾根の北端のピークになる。ここは標識にしたがい、左（西）に下り、鞍部を登り返し、小さな岩稜を進む。この正面が毘沙門山山頂である。直登の岩場は危険なため、岩稜の左を巻くように登る。

2等三角点の**毘沙門山**山頂にはこの山のシンボルともいえる電波の平面反射板が建つ。山頂からは眺望もよく、西に女峰山《にょほうさん》、東に高《たか》原山《はらやま》や形に特徴のある鶏岳《にわとりだけ》が望まれる。

山頂からは北に登山口の標識にしたがって進み、階段を下ると駐車スペースのある場所に出て、作業道を5分も歩くと**県道**に出る。県道を左に約3キロ行くと、国道121号に出て**大谷向駅**である。

（仙石富英）

■2万5000分ノ1地形図
今市、鬼怒川温泉

21

丹勢山

ヤマツツジが山肌を真っ赤に染める

たんぜやま 1398m

日帰り

歩行時間＝5時間15分
歩行距離＝17・0km

技術度
体力度

コース定数＝23
標高差＝688m
累積標高差 835m 835m

丹勢山山頂付近からの男体山

古河《ふるかわ》電工のある清滝《きよたき》町にとって、なくてはならないのが丹勢山だ。1913（大正2）年、大正天皇が行幸された夜、従業員が喜びのあまり、歌い踊ったのが和楽踊りのはじまりといわれている。

清滝駐在所前バス停から少し戻り、派出所と墓地の間の道を登っていく。清滝丹勢町の古河電工の旧社宅跡地をクランク状に右に進み、「表男体《おもてなんたい》林道」の標識にしたがっていくと、その先に古い「丹勢山山麓散策路案内図」があり、ここが林道の入口で、沼《ぬま》ノ平《だいら》分岐まで林道歩きとなる。

登山途中から見る大真名子山

沼ノ平分岐には丹勢5・0キロ、沼ノ平0・5キロ、裏見《うらみ》の滝7・0キロの道標がある。分岐を左に入ると、テレビ中継局のアンテナが建っている。マイカーの場合はこの付近に3台ほどの駐車スペースがある。道標のすぐ先の右カーブ地点の左側が登山口で、「丹勢山国有林」の標柱が立っている。ササの中の道に入り、春にはヤマツツジのきれいな山腹の緩やかな道を登っていく。

■**鉄道・バス**
往路・復路＝JRまたは東武日光駅から湯元温泉または奥細尾行きに乗り、清滝駐在所前バス停で下車。
■**マイカー**
日光宇都宮道路清滝ICから右折して旧道に入り、清滝駐在所横の道を走り、沼ノ平まで約6・5キロ。沼ノ平周辺に数台の駐車スペースがある。
■**登山適期**
5月下旬のヤマツツジの時期がよい。紅葉のシーズンは10月中下旬。
■**アドバイス**
▽マイカー利用の場合は、林道の状況により、沼ノ平までの走行が困難な場合があるので、事前に情報を得ておくとよい。
▽清滝駐在所と墓地の間が登山のスタート地点。
▽日光市営和の代温泉やしおの湯は清滝駐在所前から徒歩約20分。
■**問合せ先**
日光市日光行政センター☎0288・53・3795、日光市観光協会日光支部☎0288・54・2496、和の代温泉やしおの湯☎0288・53・6611、東武バス日光営業所☎0288・54・1138
■**2万5000分ノ1地形図**
日光南部

途中、樹間から薬師岳《やくしだけ》や三ノ宿《さんしゅく》山《やま》方面が見え隠れする。30分ほどで**大きな溝**に出る。ここから溝に沿ってジグザグ道を登ると、石のごろごろした涸沢に出る。沢沿いに10分も登ると平坦になり、ササの中の道を右に見える丘の左側を抜けると、カラマツの樹間から丹勢山が見えてくる。そのまま進むと野州原《やしゅうばら》林道に出る。**林道**を横切り、少し右に行くと、トラロープのついているところが登山口で、ツツジなどの灌木帯をかきわけながら登り、振り返ると男体山《なんたいさん》や女峰山《にょほうさん》などが手にとるようだ。10分ほどでシンボルのダケカンバが待つ**丹勢山**山頂に着く。

のんびり休憩したら、下山は往路を戻り、春はヤマツツジに彩られる林道を下っていく。50分ほど下った右カーブ地点で、左に**裏見の滝方面の道を分ける**。15分もすると**沼ノ平分岐**で、ここから往路を下り、1時間あまりで**清滝駐在所前バス停**に着く。（小島守夫）

CHECK POINT

このコースの出発点になる清滝駐在所。墓地との間の道を入る

登山口になる沼ノ平分岐付近。左のササの中の踏跡が登山道入口

溝に突き当たってからはジグザグにつけられた道を登る

溝状の涸沢を抜けて、ササの中の道を進むと、前が開けて丹勢山が見えてくる

林道に出て右に進むと、すぐ左に丹勢山への取付点がある。わかりにくいので要注意

丹勢山山頂部。山頂のシンボルになっているダケカンバとヤマツツジ

22 春のシロヤシオ、秋の紅葉は屈指の美しさ

高山

たかやま
1668m

日帰り

歩行時間＝3時間30分
歩行距離＝8・0km

技術度
体力度

コース定数＝14	
標高差＝314m	
累積標高差	↗485m ↘549m

中禅寺《ちゅうぜんじ》湖と戦場《せんじょう》ヶ原《はら》の中間に、丸くそびえているのが高山だ。周辺には竜頭《りゅうず》ノ滝や小田代原《おだしろがはら》、千《せん》手《じゅ》ヶ浜《はま》などの景勝地がある。高山の登山はそれほどきつくないので、家族でのハイキングにも適している。

ここでは滝上《たきうえ》バス停から高山に登り、熊窪《くまくぼ》、赤岩《あかいわ》を経由して竜頭の滝バス停に戻るコースを紹介する。マイカー利用の場合は滝上駐車場に駐車して同じコースを歩いて竜頭ノ滝から駐車場まで登り返すことになる。

熊窪の岸辺は涼風が心地よい。休憩の適地だ

滝上バス停から少し戻り、橋を渡って右の道に入ると登山口で、少し先のシカ除けネットのドアを入る。緩やかな登りでカラマツ林を抜け、ジグザグ道を登りきると**主稜線の鞍部**に出る。大きなブナの木が多く、きれいな林相である。ブナ尾根筋を登っていくと樹間から左に中禅寺湖、右に戦場ヶ原が見え隠れする。１５６５㍍の標高点からブナ、ミズナラの大木のある鞍部に下る。登り返して途中から振り返ると、男体山《なんたいさん》、大真名子《おおまなご》・小《こ》真名子山《まなごさん》方面が望まれる。

急登をひと登りすると**高山**山頂だ。前面が開けているので、ゆっくり休憩していくとよい。山頂には国土地理院の3等三角点のほかに帝室林野局時代の三角点が残されている。

山頂からの下りはシロヤシオの群生地で、開花期はなんともいえない美しさである。大きくカーブをしながら下っていくと、道標の立つ**峠**に出る。

右は小田代原方面、左に沢筋を

高山山頂付近に咲くシロヤシオ

■鉄道・バス
往路＝ＪＲまたは東武日光駅から湯元温泉行きのバスに乗り、滝上バス停で下車する。
復路＝竜頭の滝バス停から日光駅へ。

■マイカー
日光宇都宮道路清滝ICから湯元方面に向かい、登山口の滝上駐車場まで約20㌔。

■登山適期
5月中旬からアズマシャクナゲが咲きはじめ、下旬には山頂付近のシロヤシオがみごと。湖岸のツツジ類も次々に咲き誇る。10月の紅葉の時期はモミジが湖畔を彩る。

■アドバイス
▽山頂から下った峠を右に行くと、小田代原や戦場ヶ原に通じ、こちらの道を赤沼方面に戻って、しゃくなげ橋から湯川沿いに下れば、出発地の滝上バス停に戻れる。
▽時間に余裕があれば、熊窪から千手ヶ浜まで往復して、クリンソウの群生地を訪ねるのも一興だ。
▽竜頭ノ滝は春のトウゴクミツバツツジ、秋の紅葉がすばらしい。また、竜頭ノ滝周辺にはさかなと森の観察園（水産総合研究センター）がある。

■問合せ先
日光市日光行政センター☎０２８８・53・３７９５、日光市観光協会日光支部☎０２８８・54・２４９６、さかなと森の観察園☎０２８８・55

下っていくと中禅寺湖畔の**熊窪**に着く。湖面を渡る風が心地よい。打ち寄せる波の音を聞きながらゆっくり休憩するとよい。右への道を行くと、クリンソウの群生地、千手ヶ浜方面で、6月の開花期には大勢の観光客でにぎわう。ここからは左へ湖岸沿いの道を進む。春はトウゴクミツバツツジやシロヤシオ、ヤマツツジなどが咲き誇り、秋の紅葉は湖面を赤く染める。

トチの大木のある栃窪をすぎ、少し登っていくと**赤岩**で、岩に登ると展望がよい。木の階段を下り、歩道をしばらく進むと広いスキー場跡地に出る。車道を横断して少し左に行くと、**竜頭の滝バス停**に着く。マイカーの場合はここから滝上の駐車場まで10分ほど戻ることになる。

（小島守夫）

・0055、日光自然博物館☎0288・55・0880、東武バス日光営業所☎0288・54・1138

■2万5000分ノ1地形図
男体山、中禅寺湖

CHECK POINT

高山登山口。鹿柵のゲートを開けて入る。入ったら閉め忘れないこと

いくつかのピークを越えて、山頂手前の急登をひと登りすると、広い高山山頂に着く

山頂から下り着いた峠は、左に中禅寺湖・熊窪方面、右に小田代原方面を分ける

ハルニレやミズナラの茂る平坦な道に出ると熊窪は近い

栃窪にあるみごとなトチの大木。この地点にだけ10数本の大木がある

赤岩から栃窪の浜を見る

23

黒檜岳・社山

展望を楽しみながら歩く中禅寺湖南岸の縦走路

くろびだけ 1976m
しゃざん 1827m

日帰り

歩行時間＝7時間10分
歩行距離＝15・6km

技術度

体力度

コース定数＝32

標高差＝703m

累積標高差 ↗1348m ↘1339m

中禅寺湖畔から社山・黒檜岳を望む

黒檜岳は中禅寺《ちゅうぜんじ》湖・千手《せんじゅ》ヶ浜《はま》の背後にそびえるひっそりとした山である。一方、社山は中禅寺湖南岸の中央に位置する端正にして美しい三角峰である。ここでは黒檜岳から社山に続く中禅寺湖南岸の尾根を縦走するコースを紹介しよう。

千手ヶ浜バス停から中禅寺湖畔に出て遊歩道を南へ進む。乙《おと》次郎《じろう》橋を渡り、15分ほど行くと新築の千手堂に着く。石段を下るとすぐ先に**黒檜岳登山口**の道標があり、赤・黄色の誘導板にしたがって登る。10分ほど緩やかに進むと左へジグザグの急な道となる。山腹を右に巻くように進み、小さな沢を渡る。右のきつい斜面を登るとアズマシャクナゲの大群落が現れる。5月中旬にはみごとな花を見せてくれる。

やがて道標がある尾根のコルに出る。左へ尾根をたどる。ゴヨウマツの大木をすぎ、コメツガの林の1802メートルの**尾根の肩**に着く。

さらにコメツガ、シラビソの樹間を進むとダケカンバが目立つところに出て、やや平坦になり、緩やかに登る。社山への縦走路の分岐をすぎると**黒檜岳**の頂上に着く。この先にも頂上の標識がある。頂上は樹林内で展望はない。西に行くと雨量観測所があり、展望が開ける。

頂上から少し戻り、道標にしたがって社山へ向かう。樹林の中の緩い下りの道を南へ、樹木に打ちつけられた誘導板に導かれながら15分ほど緩やかに下っていく。視界が開け、広いササの尾根に出る。ササの中の道を見失わないよう、ところどころにある道標を確認しながらほぼ尾根通しに進む。

やがて平坦になり道標のある**浅い窪地**の南側を行く。1816メートル

■鉄道・バス

往路＝JRまたは東武鉄道の日光駅前から湯元温泉行き東武バスに乗り、赤沼下車。低公害バスに乗り換え、終点の千手ヶ浜まで行く。

復路＝中禅寺温泉バスターミナルから東武バスでJRまたは東武鉄道の日光駅前まで戻る。

■マイカー

入下山口が異なるため、中禅寺温泉駐車場に車を置き、往路は右記のバスを乗り継いで登山口に行き、縦走後に駐車場に戻るとよい。日光宇都宮道路清滝ICから駐車場へは国道120号で約15キロ。

■登山適期

シャクナゲの5〜6月、紅葉の9〜10月。

■アドバイス

▽黒檜岳、社山間の縦走路は、ほぼ尾根上の道だが、一部ピークを巻くところもあるのでよく確認すること。また、ササの中の山道でササに覆われているところもあり、ルートを見失わないよう注意すること。途中のエスケープルートはない。

■問合せ先

日光市日光行政センター☎0288・53・3795、日光市観光協会日光支部☎0288・54・2496、日光自然博物館☎0288・55・0880、日光湯元ビジターセンター☎0288・62・2321、東武バ

のピークを越え、1792メートルのピークの南面を巻き、複雑に曲がる尾根は尾根通しではなく山腹を巻きながら進む。ササに覆われた道は見失わないように注意したい。

ササの中の道を歩くこと約2時間、岩場の急登を登りきると**社山**の頂上である。頂上は2等三角点があり露岩が点在する。樹木が切られ南の足尾《あしお》方面の展望はいい。

社山の頂上からは、半月山《はんげつさん》を正面に見、中禅寺湖や男体山《なんたいさん》の眺望を楽しみながらササの急な尾根を下っていく。雨量観測用のアンテナをすぎるとまもなく**阿世潟《あぜがた》峠**に着く。左へ中禅寺湖畔の阿世潟へ下り、湖畔を右へ、景観を楽しみながら歩く。イタリア大使館別荘記念公園を経て中禅寺湖スカイラインの車道に出、**立木《たちき》観音**の前をすぎ、二荒山《ふたらさん》神社中宮祠の赤い大鳥居から右に折れると、**中禅寺温泉バスターミナル**に着く。

（上杉純夫）

ス日光営業所☎0288・54・1138

■2万5000分ノ1地形図
男体山・中禅寺湖・日光南部

社山の手前。展望が開け、中禅寺湖、戦場ヶ原が望める

CHECK POINT

1 千手ヶ浜湖畔からは中禅寺湖の向こうに男体山の雄姿が望める

2 千手堂をすぎると、すぐに黒檜岳の登山口に着く。ここから登りの連続になる

3 小さな沢を渡り、斜面を登ると、アズマシャクナゲの大群落が現れ、5月中旬にはみごとな花を見せてくれる

4 黒檜岳頂上。樹林に覆われ、展望はない

5 道を見失わないようところどころにある道標を確認しながら、ほぼ尾根を忠実に進む

6 社山の頂上。2等三角点があり、露岩が点在する。足尾方面の展望がよい

＊コース図は74ページを参照。

24 男体山を正面に中禅寺湖を鳥瞰する展望の山

半月山

はんげつさん
1753m

日帰り

歩行時間＝4時間50分
歩行距離＝10・5㎞

技術度

体力度

コース定数＝20	
標高差＝471m	
累積標高差	↗ 770m
	↘ 770m

↑西方の社山から茶ノ木平、半月山を望む

←半月山から正面に社山と黒檜岳を見ながら半月峠に下る

半月山は、中禅寺《ちゅうぜんじ》湖東岸に連なる女性的な山だが、展望台からは奥日光《おくにっこう》を代表する展望が得られ、男体山《なんたいさん》を正面に、中禅寺湖、八丁《はっちょう》出島《でじま》、湖面に浮かぶ上野島《こうずけじま》など、超一級の美観が楽しめる。

中禅寺温泉バスターミナルから明智平《あけちだいら》に向かって車道を戻る。橋を渡り、ザ・リッツ・カールトン日光の先を右折し、墓地をすぎた道標の立つところが茶ノ木平《ちゃのきだいら》への登山口である。

道はやや急登だが1時間ほどで**茶ノ木平**に着く。ここからは半月山への道標をよく確認してササの原の道を進む。ヤシオツツジを眺めながら下り、中禅寺湖スカイラインに出て、道路を横切り、反対側の斜面を登り返す。消防無線基地局のアンテナが立つ狸山《むじなやま》を越え、スカイライン最良の展望駐車場の**中禅寺湖展望台**に出る。中禅寺湖、奥白根山《おくしらねさん》などの眺望がよい。駐車場の西端に建っている携帯

■鉄道・バス
往路・復路＝JRまたは東武鉄道の日光駅前から中禅寺温泉行き東武バスに乗り、中禅寺温泉バスターミナル下車。

■マイカー
日光宇都宮道路清滝ICから国道120号などを約15・5㌔、中禅寺湖畔・立木観音前の歌ヶ浜（うたがはま）駐車場を利用するとよい。茶ノ木平登山口まで徒歩15分で行ける。

■登山適期
ツツジの5月、紅葉の9～10月。

■アドバイス
▽半月山展望台への近道は、東武バスで、中禅寺湖スカイライン半月線の終点の半月山駐車場で下車し、登り20分ほどで行ける。

■問合せ先
日光市日光行政センター☎0288・53・3795、日光市観光協会日光支部☎0288・54・2496、日光自然博物館☎0288・55・0880、東武バス日光営業所☎0288・54・1138

■2万5000分ノ1地形図
中禅寺湖・日光南部

電話用の中継塔の脇を登る。コメツガ、カラマツの林になるとまもなく**半月山**山頂に着く。展望はない。10分ほど進めば日光有数の展望台に出る。木製のデッキで、20名ほどが立てる広さだ。ここからの景観は冒頭に述べた通りである。

中禅寺湖や足尾《あしお》方面を眺めながら下っていくと**半月峠**に着く。峠から右へ下っていくと中禅寺湖畔の**狸窪**《むじなくぼ》に着く。湖畔を右へ、景観を楽しみながらしばらく歩く。イタリア大使館別荘記念公園を経て、中禅寺湖スカイラインの車道に出て、**立木観音**《たちき》の前をすぎ、二《ふた》荒山《らさん》神社中宮祠の赤い大鳥居から右に折れると、**中禅寺温泉バスターミナル**に着く。（上杉純夫）

半月山展望台からの奥日光を代表する展望

CHECK POINT

1 茶ノ木平への登山口。1時間の急登が続く

2 自然観察教育林の標識が立つ茶ノ木平。ササの原の中を進む

3 途中の木製の展望台。奥日光の展望がすばらしい

4 消防無線基地局のアンテナが建つ狸山を越えていく

5 半月山頂上。樹木に囲まれ展望はない

6 半月峠。左へ下り狸窪から湖畔の道を進み中禅寺温泉バスターミナルに戻る

黒檜岳
1976
雨量観測所
社山
1827
南側展望よし
半月山
1753
中禅寺湖
千手ヶ浜バス停
1273m
Start
中禅寺温泉バス停
1282m
Start
Goal
黒檜岳登山口
千手堂
尾根の肩
1802
尾根のコル
コメツガ、シラビソ
ゴヨウマツの大木
小沢を渡る
樹林
分岐
広いササの尾根になる
視界が開ける
道標あり
ササの尾根
ササ深い
浅い窪地
1816mピーク
1792mピーク
ダケカンバの林
獣道多し
急な下り
雨量観測用アンテナ
阿世潟峠
社山登山口
阿世潟
八丁出島
狸窪
半月峠
半月山展望台
中禅寺湖展望台
立木観音
茶ノ木平
茶ノ木平登山口
歌ヶ浜駐車場
英国大使館別荘記念公園
イタリア大使館別荘記念公園
中禅寺湖畔
華厳滝
赤い大鳥居
中宮祠
二荒山神社中宮祠
松ヶ崎
大日崎
上野島
寺ヶ崎
白岩
梵字岩
俵石
乙次郎橋
赤岩
シャクナゲの群生
太平山
中山
1:50,000
1km
N
男体山へ
日光駅へ
戦場ヶ原、湯元温泉へ
120
250

25

鳴虫山

アカヤシオが魅力の中高年に人気の山

なきむしやま 1104m

日帰り

歩行時間＝4時間5分
歩行距離＝8・5㎞

技術度
体力度

コース定数	＝18
標高差	＝566m
累積標高差	↗725m ↘656m

日光市久次良（くじら）町方面からの鳴虫山

日光《にっこう》駅や市街地に近く、気軽に登れる山として人気があり、東京方面からの登山者も多い。日光連山の展望がよく、春はアカヤシオ、カタクリが咲き、紅葉もすばらしい。下山地には史跡で有名な憾満《かんまん》ヶ淵《ふち》や並び地蔵がある。

JR日光駅か**東武日光駅**から駅前の国道に出て右折し、神橋《しんきょう》方面に向かう。10分ほど行くと左側に日光市日光消防署がある。その奥の日光公民館のところを右折し、志渡淵《しどぶち》川を渡って住宅の角を右折すると、**登山口**の案内板がある。

登りはじめるとすぐに、神社のある天王山《てんのうやま》に着く。ここは皇族ゆかりの地で、石碑にその由来が刻まれている。ここからいよいよ神《こう》ノ主山《すやま》への登りである。尾根をはずさずに登ると、左側が開け、今《いま》市《いち》方面の日光杉並木が見えてくる。ここから急登となり、数分で**神ノ主山**に着く。山頂はこのコース中最良の展望台である。左から男体山《なんたいさん》など表《おも》日光の山が連なり、霧降《きりふり》高原や高原山《たかはらさん》も一望することができる。

展望を楽しんだら、鳴虫山を目指そう。尾根の道は左側が杉、桧の植林で展望はない。右側は、ブ

■鉄道・バス
往路＝JR日光線または東武日光線日光駅が起点。
復路＝日光総合会館前バス停から日光駅行きのバスに乗り日光駅へ。

■マイカー
日光宇都宮道路を日光ICで降り、日光駅方面へ。神橋の手前で右折すると、大谷川沿いに市営無料駐車場がある。

■登山適期
4月下旬は、アカヤシオ、カタクリの花が咲き、5月中旬にはトウゴクミツバツツジ、シロヤシオが咲く。

■アドバイス
▽鳴虫山から合方を経て、銭沢不動にいたる修験道がある。すべりやすい急な道で一般的ではないが、春はヤマツツジのトンネルが続く。
▽下山した発電所先を左折し、ローリングダムを右に見ていくと、人気の高い和の代温泉やしおの湯がある。発電所から約1・5㌔。

■問合せ先
日光市日光行政センター☎0288・53・3795、日光市観光協会日光支部☎0288・54・2496、和の代温泉やしおの湯☎0288・53・6611、市営日光温泉☎0288・53・3630、東武バス日光営業所☎0288・54・1138

■2万5000分ノ1地形図
日光北部・日光南部

ナ、ミズナラ、ナツツバキなどの落葉樹の国有林である。春には、アカヤシオやシロヤシオ、トウゴクミツバツツジなどが咲き、林床にはカタクリも見られる。木の根が張り出した道を足もとに注意しながら高度を上げ、**鳴虫山**の頂上に着く。頂上からは北に女峰山《にょほうさん》、赤薙山《あかなぎさん》などを望むことができる。

鳴虫山山頂からの女峰山、赤薙山方面

頂上からの急な下りは階段がつけられているが、注意していこう。階段を下り、登り返すと**合方**《がっぽう》で、石祠があり、日光修験の峰修行の往時がしのばれる。**独標**《どっぴょう》を越えてさらに下り、やがて日光第一発電所に着く。

日光宇都宮道路の下をくぐり、道標にしたがって下る。その先は**憾満ヶ淵**の清流で、並び地蔵が見られる。史跡を鑑賞しながら、道なりに進んでいく。

含満大谷《がんまんだいや》橋を渡り、総合会館の脇を抜けると**総合会館前バス停**に出る。（仙石富英）

CHECK POINT

1 御幸町志渡淵橋を渡って右に登山口

2 天王山の神社。ここから神ノ主山へ

3 神ノ主山。霧降、赤薙山方面の眺望がよい

4 鳴虫山へ木の根の出た尾根を進む.

5 稜線脇に咲くシロヤシオ、トウゴクミツバツツジ

6 展望台が撤去され広くなった鳴虫山山頂

7 日光修験の往時の面影をとどめる石祠が残る合方

8 独標からは足もとに注意して急坂を下っていく

9 下山口。この先が第一発電所

並び地蔵と大谷河畔の霊庇閣

26

茶ノ木平・薬師岳・三ノ宿山

峠と峠を結ぶ修験者の道を行く

日帰り

歩行時間＝8時間45分
歩行距離＝17・4km

技術度 ▲▲

体力度 ♥♥

ちゃのきだいら 1420m
やくしだけ 1229m
さんのしゅくやま
（最高点＝1618m／3等三角点峰）

コース定数＝37

標高差＝338m

累積標高差 ↗1532m ↘1917m

↑茶ノ木平から見た男体山

↑茶ノ木平の展望台から少し雪の残る女峰山、帝釈山を望む

勝道上人の男体山《なんたいさん》開山（782年）以後、鎌倉時代以降は特に多くの修験者が日光《にっこう》の峰々を修行の場とした。このコースは日光三峯《さんぶ》五禅頂《ごぜんじょう》再興後の両峯《りょうぶ》禅頂の冬峯《ふゆみね》、華供峯《けくぶ》の一部なので、往時をしのびながら、日光連山の展望と春にはアカヤシオの咲く静かな尾根歩きを楽しんでみよう。ここでは茶ノ木平から細尾《ほそお》峠を経て滝《たき》ヶ原《はら》峠にいたるコースを紹介する。

中禅寺《ちゅうぜんじ》温泉バスターミナルから明智平《あけちだいら》に向かって車道を戻る。橋を渡り、ザ・リッツ・カールトン日光の先を右折すると、墓地のはずれ左側に遊歩道の案内板がある。ここが茶ノ木平方面への登山口になる。

案内板から丸太の階段で登りはじめ、ほぼ尾根に沿って高度を上げていく。戻るように左折して尾根に出るとまもなくロープウェイ茶ノ木平駅の跡地で、突然、北側が開けて男体山が目に飛びこんでくる。**茶ノ木平**で日光連山の展望を楽しみながら休憩するとよい。

明るい平坦な道を進み、半月山《はんげつさん》方面への道を分け、左の明智《あけち》平方面への道に入る。細いササの道を行き、道標にしたがって明智平・細尾方面に右折し、さらにその先を右に折れて登っていくと161

■鉄道・バス
往路＝JRまたは東武日光駅から湯元温泉、中禅寺温泉行きのバスに乗り、中禅寺温泉バスターミナルで下車する。
帰路＝やしおの湯から清滝一丁目バス停まで歩き、日光駅に戻る。

■マイカー
日光宇都宮道路清滝ICから右折して旧道に入り、清滝方面に進み、最初の分岐を左折する。下山口になるやしおの湯の先の駐車スペースに駐車し、約15分ほど歩いて旧道に戻り、清滝一丁目バス停から湯元温泉・中禅寺温泉行きに乗り、中禅寺温泉バスターミナルで下車する。

■登山適期
全山がアカヤシオに彩られる5月がベストだが、4月下旬からカタクリ、アカヤシオ、トウゴクミツバツツジ、シロヤシオが続いて開花する。尾根道が錦に染まる秋も格別。

■アドバイス
▽コースには水場がないので、事前に準備する。行程が長いので、できるだけ早く出発するようにする。
▽マイカー以外の場合は途中の薬師岳から南に尾根をたどれば地蔵岳を経て古峯神社に下る禅頂行者道で、歩行時間は3時間30分ほどだ。

■問合せ先
日光市日光行政センター☎0288・53・3795、日光市観光協会日

8㍍峰で、本コースの最高点である。

　ここから左に篭石《かごいし》を見てササの中の道を下っていくと、送電線の鉄塔が立つ開けたササの台地に出る。気分のよい尾根道を15分ほどで右に雨量計を見送り、小さな起伏を越えると**細尾峠**だ。車道を横切って薬師岳《やくしだけ》への尾根道に入る。やせた尾根道を進み、急登が終わるとすぐ左が**薬師岳**の山頂となる。春はアカヤシオが咲き、日光連山をはじめ、大展望が楽しめる。また、これからたどる山並みが手にとるように望める。

　ここからは東に道をとり、ひとつ目のピークを越えると長い下りになる。尾根の右にシカよけのネットが見えてくるとまもなくヒノキガタ一（コル）で、「文化」の年号が刻まれた石祠が安置されている。急登すると春にはアカヤシオがすばらしい1159㍍峰だ。

　一度下って石ころ混じりの尾根を登り、シロヤシオの大木がある広い**丸山**に立つ。大小のコブを越え、ひと登りすると大木戸山《おおきどやま》。カタクリの咲く尾根道を下ると石祠のある三ノ宿峠で、急登して左折すると**三ノ宿山**に着く。

春の縦走路に咲くアカヤシオ

　北に向かって下り、1188㍍峰で右に折れる。小さな上り下りを繰り返すと、**やしおの湯への分岐**になる1158㍍峰に着く。右に折れて下ると尾根が細くなる。急下降する手前を左に少し下り、右に行くと楽にコルに下りられる。ここから左に巻き道を行くと1051㍍峰からの道を合わせ尾根道を下ると右下に林道が見えてくる。大きな松の木陰に石祠のある地点から林道目指して下ると**滝ヶ原峠**に出る。車道を北に下り、**やしおの湯**を経て**清滝《きよたき》一丁目バス停**へ。

（小島守夫／上杉純夫）

光支部☎0288・54・2496、鹿沼市役所☎0289・64・2111、東武バス日光営業所☎0288・54・1138、リーバス（関東バス鹿沼営業所）☎0289・64・3161

■2万5000分ノ1地形図
中禅寺湖・日光南部

CHECK POINT

1 登山道を半月山方面に進み、この地点を右折する。左の小さな道標を見落とさないように

2 途中の道標に注意して、細尾方面に進むと、不動明王と金剛童子の立つ篭石に着く

3 春はアカヤシオに彩られる薬師岳。細尾峠から40〜50分。細尾峠を基点に登る登山者が多い

4 峠から急登すること20分ほどで、ひと汗かいたころに三ノ宿山に登り着く

5 滝ヶ原峠。ここからやしおの湯近くの駐車地点まで40分ほどの車道歩きとなる

6 やしおの湯近くの駐車スペース。ここから清滝一丁目バス停までは15分ほど

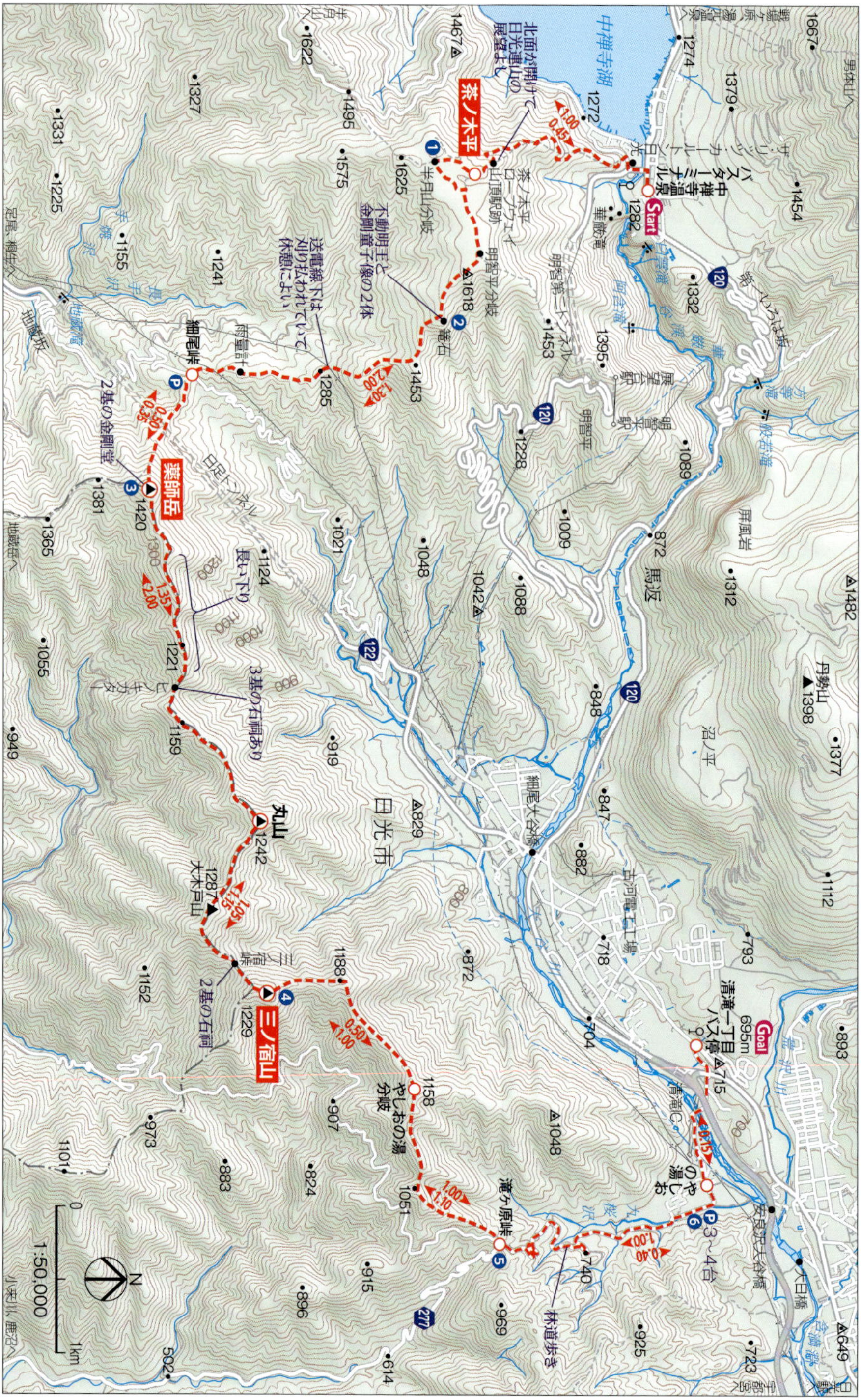
中禅寺湖
茶ノ木平
北面が開けて日光連山の展望よし
中禅寺温泉バスターミナル
Start
1282
茶ノ木平ロープウェイ山頂駅跡
半月山分岐
明智平分岐
1618
不動明王と金剛童子像の2体
送電線下は刈り払われていて休憩によい
籠石
1453
1285
雨量計
細尾峠
2基の金剛堂
薬師岳
1420
長い下り
1221
ヒノキカヤト
3基の石祠あり
1159
丸山
1242
1287
大木戸山
三ノ宿峠
2基の石祠
三ノ宿山
1229
1188
1158
やしおの湯分岐
1051
滝ヶ原峠
740
林道歩き
やしおの湯
清滝IC
清滝一丁目バス停
695m
Goal
日光市
馬返
丹勢山
1398
沼ノ平
細尾大谷橋
古河電工工場
安良沢大谷橋
大日橋
1:50,000
0
1km
N

2

アカヤシオと静寂の尾根道をたどる

行者岳・地蔵岳・夕日岳

ぎょうじゃだけ 1329m
じぞうだけ 1483m
ゆうひだけ 1526m

日帰り

歩行時間＝6時間40分
歩行距離＝18・0km

技術度 ▲▲▲▲▲（1）
体力度 ♥♥♥♥♥（2）

コース定数＝32

標高差＝846m

累積標高差 ↗1355m ↘1355m

半月山駐車場から夕日岳と薬師岳を望む

紹介する3山は、鹿沼《かぬま》市の西部にあり、足尾《あしお》山地に位置し、前日《まえにっ》光《こう》県立自然公園に含まれる。コース上には山岳信仰の宿跡などが点在し、山麓には勝道上人ゆかりの古峯《ふるみね》神社や金剛山瑞峯寺《こんごうさんずいほうじ》などがある。古峯神社を基点にして、ヤシオツツジやトウゴクミツバツツジ、ヤマツツジなどに彩られる冬峯《ふゆみね》、華《はな》供峯《のくみね》の一部、古峰原《こぶがはら》峠、行者岳、地蔵岳を経て夕日岳にいたる静かな尾根道をたどる禅頂行者道を紹介しよう。

古峯神社バス停から古峯神社を右に見て車道を進む。**地蔵岳入口**で下山道になる地蔵岳への道を右に分け、ナンバー29のカーブが**遊歩道入口**で、道標が立っている。沢沿いの道をひと登りし、へつり地蔵下をすぎ、いく度か古い林道と歩道を交互に進む。雑木林の中のジグザグ道になり、車道に出ると、すぐ**古峰原峠**に着く。

峠からは三方に道を分けるが、右の車道を進み、すぐ先で右の古い林道に入る。左に行者沼《ぎょうじゃぬま》が見えると林道が終る。大天狗《おおてんぐ》の鳥居が立つ尾根に取り付き、ひと登りするとズミの茂る行者平《ぎょうじゃだいら》だ。アカヤシオの咲くコブを越え、急登すると三角点のある**行者岳**に着く。少し下って登り返すと右の岩の下に享保の年号がある金剛堂が座している。

樹間から皇海山《すかいさん》、男体山《なんたいさん》などを眺めながら起伏を越え、尾根を登ると**大岩山**《おおいわさん》で、ドウダンツツジやアカヤシオが咲く。急下降して先に進むとクリンソウの咲く小さな湿地に出る。なだらかな登りでカラマツなどの林に囲まれた唐梨子《けなし》山《やま》に着く。少し下ったところが竜《りゅう》ノ宿《しゅく》で、大岩の下にひっそりと大日如来が安置されている。

■鉄道・バス
往路・復路＝JR鹿沼駅または東武新鹿沼駅からリーバス古峰原線に乗り、終点の古峯神社バス停で下車する。所要約1時間。

■マイカー
東北自動車道鹿沼ICから約32㌔。古峯神社の大駐車場に駐車する。

古峯神社バス停周辺

■登山適期
アカヤシオの4月下旬～5月と紅葉の10月がベスト。アカヤシオに続いてトウゴクミツバツツジやシロヤシオ、ヤマツツジが開花する。積雪が多くなければ冬枯れの山もいい。

■アドバイス
▽登山の基点になる古峯神社は日本武尊が祭神で、天狗信仰の地としても有名。現在も「火防、五穀豊穣、海運の神」として信仰を集め、東北、関東一円から参詣者が訪れている。
▽このコースには水場がないので、事前に準備しよう。
▽時間に余裕があれば古峰原峠から勝道上人修行の地、深山巴の宿まで足をのばすとよい。

ハガタテ下の湿地に
咲くクリンソウ

ズミの多い行者平

アカヤシオが咲く夕日岳の尾根路（中岩周辺）

CHECK POINT

1 古峯神社バス停。この少し先に古峯神社の無料駐車場がある。ここを基点に周遊する

2 遊歩道入口。古峯神社バス停、駐車場から車道歩きで、ここから遊歩道に入る

3 あずまやと駐車場のある古峰原峠。遊歩道歩き40分ほどで峠に着く

4 行者岳。登山道に入り、40分ほどのなだらかな尾根歩きで、山頂に着く

5 山岳信仰の盛んな時代、行者八竜といわれた場所で、金剛堂がある

6 ハガタテ平。下山路の分岐になっている。ここを尾根伝いに登って地蔵岳に向かう

7 ハガタテ平から35分ほどで祠の建つ地蔵岳に着く

8 三つ目から下ってひと登りすると夕日岳で、北面が開けて日光連山が見わたせる

さらに下っていくと下山路の分岐になる**ハガタテ平**に出る。そのまま先に進み、途中から右に山腹を横切って、地蔵岳から南に派生する尾根を登りきると**地蔵岳**山頂で、開けた南斜面に地蔵が安置されている。

稜線を北に向かうと**三つ目**に着く。夕日岳へはここから往復することになる。やや急な尾根を下り、中岩をすぎて石混じりの道を登ると、アカヤシオに彩られる**夕日岳**山頂だ。日光《にっこう》連山の眺めがすばらしい。

下山は、往路を**ハガタテ平**に戻り、道標にしたがって丁字路を左に下る。途中の最初の沢を横切る地点にクリンソウの群生地がある。いく度か沢を渡り返しながら下り、杉林を抜けると**林道の終点**だ。40分ほどの林道歩きで**登山道入口**に戻り着く。車道に合流して出発点の**古峯神社バス停**に戻る。（小島守夫）

■問合せ先
鹿沼市役所☎0289・64・2111、鹿沼市観光物産協会☎0289・60・2507、リーバス（関東バス鹿沼営業所）☎0289・64・3161、鹿沼合同タクシー☎0289・62・3188、平和タクシー☎0289・62・3135

■2万5000分ノ1地形図
日光南部・足尾・古峰原

N
0
500m
1:30,000
日光へ
122
神子内川
•871
•823
神子内
桐生へ
▲1152
•1133
•1138
•1136
▲1240
•1143
日光市
薬師岳、細尾峠へ
•1406
ヤシオ多し
夕日岳
8 ▲1526
中岩
三つ目
0.20
北面の展望よし
1491
0.15
1400
地蔵岳
7 ▲1483
ハガタテ平
6 1281
0.35
0.25
地蔵尊を祀る金剛堂
クリンソウ
竜ノ宿
唐梨子山▲1351
1300
1200
0.45
1.05
クリンソウ
0.50
1.00
•1116
•1245
1100
大岩山
1267▲
ヤシオツツジ
林道終点
1000
▲1222
•1081
0.35
0.50
0.35
林道歩き
金剛童子 5
行者岳
▲1329 4
鹿沼市
900
•950
行者平
(一般車通行止ゲート)
シャダンキ
800
0.45
0.35
へつり地蔵
•872
古峯神社
•734
0.25
0.20
0.40
0.30
2 遊歩道入口
地蔵岳入口
700
0.15
0.10
P WC
古峯神社バス停
1 680m
Start Goal
•921
カーブNo.29のところが入口
1144
3 古峯原峠
行者沼
古い林道
古峰ヶ原高原ヒュッテ
•1161
•863
三枚石へ
鹿沼へ
•744

28

古代の面影残る奥深い雄大な山群

古峰原高原・三枚石・横根山

こぶがはらこうげん 1144m
さんまいせき 1373m
（最高地点＝1378m）
よこねやま 1373m

日帰り

Ⓐ 歩行時間＝3時間40分 歩行距離＝9.3km
技術度 体力度
Ⓑ 歩行時間＝2時間20分 歩行距離＝4.3km
技術度 体力度

コース定数＝Ⓐ19Ⓑ8

標高差＝Ⓐ698mⒷ77m

累積標高差 Ⓐ↗861m↘861m Ⓑ↗253m↘253m

古峰原高原から横根山に続く山塊は、鹿沼《かぬま》市の西方に位置し、日《にっ》光《こう》開山の勝道上人が修行したといわれるゆかりの山々で、前日光県立自然公園に指定されている。春のツツジ、秋の紅葉、日光連山の雄大な展望など、趣のある山歩きが楽しめる。ここでは、Ⓐ古峰《ふるみね》神社から三枚石に登り、古峰原高原に縦走するコースと、Ⓑ横根山に登り、井戸《いど》湿原などを散策するコースを紹介しよう。

鹿沼市東方からの横根山、古峰原高原の山並み

Ⓐ古峰原高原・三枚石

古峯神社バス停から舗装された県道58号草久《くさきゅう》足尾《あしお》線を足尾方面へ10分ほど進む。三枚石新道入口の道標にしたがって登山道を登る。桧林をすぎ、沢を渡り、尾根を登っていく。トウゴクミツバツツジやヤシオツツジを見ながら1時間30分ほど登り、**大きな岩**をすぎ、広くなった尾根の道を見失わないよう、目印を頼りに進む。

傾斜が緩くなると、やがて**三枚石**に着く。大きな岩が重なり、下に金剛山瑞峯寺《こんごうさんずいほうじ》の奥ノ院があり、その前は芝の広場となっている。一帯にはレンゲツツジが多い。

ここから尾根沿いに南に行くと方塞山《ほうさいさん》を経て横根山にいたるが、ここでは北へ尾根通しに進む。天狗の庭をすぎ、シラカバやミズナラなどの樹林の中を下っていく。鳥居をくぐると難なくあずまやがある**古峰原峠**に着く。眼下に湿原が広がる。

林道を左に下っていくと鹿沼市の避難小屋、古峰ヶ原高原ヒュッテがあり、さらに下っていくと、勝道上人修行の地・深山巴《じんぜんともえ》の宿《しゅく》へいたるが、下山コースは峠から舗

■鉄道・バス
Ⓐ三枚石・古峰原高原
往路・復路＝JR鹿沼駅または東武新鹿沼駅から古峰原線のリーバスに乗り終点古峯神社バス停で下車。
Ⓑ横根山ハイキングコース
往路・復路＝利用できるバスはない。

■マイカー
Ⓐ古峰原高原・三枚石
東北自動車道鹿沼ICから国道121号、県道14号、58号で約33㌔。
Ⓑ横根山ハイキングコース
県道58号で古峰原峠経由または県道15号の粕尾峠を経由して前日光ハイランドロッジまで行く。駐車場あり。

■登山適期
新緑、ツツジの5月、紅葉、冬枯れの10〜11月がよい。

■アドバイス
▽前日光ハイランドロッジ（☎0288・93・4141）は、前日光県立公園内の簡易宿泊施設で、宿泊、食事のほか、温泉も楽しめる。
▽古峯神社は前項の81㌻参照。
▽金剛山瑞峯寺は古峰原街道の途中にあり、日光を開山した勝道上人が修行したといわれる古峰原奥ノ院三枚石をご神体としている。

■問合せ先
鹿沼市役所☎0289・64・2111、リーバス☎0289・64・3161（関東バス鹿沼営業所）、☎0289・85・3380（関東バス粟野

装された県道58号と分かれ、右に関東ふれあいの道の**遊歩道**を下る。林道と遊歩道を交互に下り、へつり地蔵の下を通り、沢沿いに

方塞山から横根山を望む

進むと県道に出て、40分ほどで**古峯神社バス停**に戻る。

Ⓑ横根山ハイキングコース

高低差が小さく、井戸湿原の散策など家族でゆっくり楽しめるコースだ。**前日光ハイランドロッジ**から道標にしたがい、牧場の柵に沿って展望のよい緩やかな遊歩道を登り下りしたあと、道標から遊歩道と分かれ、木々の中の登山道を進む。

ヤマツツジの木の下を通り、階段を登ると2等三角点のある**横根山**山頂に着く。堂々とした方塞山とそのすそ野に広がる広い牧場、遠くに日光の山々などの展望がすばらしい。あずまやがあるので、ひと休みにしていこう。

山頂から**井戸湿原**へ下る。木道が整備され、30分ほどで一周できるので五段ノ滝にも立ち寄るとよい。季節にはヤマツツジ、レンゲツツジ、シロヤシオが楽しめる。

井戸湿原から西に行くと**象の鼻**に出る。展望台となっており、日光連山、関東の山々、遠く富士山も望める。ここから作業道を下っていくと**前日光ハイランドロッジ**に戻る。

（上杉純夫）

営業所）

■2万5000分ノ1地形図
古峯原・足尾

CHECK POINT
Ⓐ古峰原高原・三枚石コース

古峯神社バス停から10分ほどで三枚石新道入口に着く

入口から登りはじめ、15分ほどで沢を渡る

三枚石は大きな岩が重なり、その下には金剛山瑞峯寺の奥ノ院がある

古峰原峠にはあずまやがあり、眼前に古峰原の湿原が広がる

峠から遊歩道を20分ほど下っていくと逃げた若い修行僧が殺されたという伝説のへつり地蔵がある

CHECK POINT
Ⓑ横根山ハイキングコース

前日光ハイランドロッジ前から、道標にしたがい牧柵に沿って遊歩道を進む

井戸湿原には木道が整備されている。30分ほどで一周できる

象の鼻の展望台からは富士山も望める。ここから作業道を下ると前日光ハイランドロッジに戻る

行者岳へ
ハガタテ平へ
遊歩道入口
へつり地蔵
A-5
0.30
0.40
0.30
0.40
県道58号草久足尾線
•734
古峯神社
A-1
古峯神社バス停
680m
Start Goal
58
•872
三枚石新道入口
A-2
•921
古峯原高原
A-4
古峰原峠
1144
あずまや
古峰ヶ原高原ヒュッテ
•1161
古峰原湿原
深山巴の宿
1.10
0.50
尾根道
•863
急登
0.40
0.50
大岩
0.50
0.40
•744
ヤシオツツジ
天狗の庭
1378
A-3
金剛山瑞峯寺奥ノ院
三枚石
•1185
•891
鹿沼市
日光市
•1215
方塞山
1388
•1157
•1010
•1286
•1213
•1208
粕尾峠へ
B-1
前日光ハイランドロッジ
1299m
Start Goal
0.30
0.20
あずまや
1373
横根山
1117•
246
0.30
0.40
0.30
0.40
•1152
B-3
展望台
象の鼻
1368
ヤマツツジ
井戸湿原
B-2
五段ノ滝
•1273
井戸湿原
0.50
0.40
鹿沼へ
•1068
0
500m
1:30,000

29 庚申山・皇海山

奇岩怪石と庚申講信仰修験者の山

こうしんざん 1892m
すかいさん 2144m

一泊二日

第1日 歩行時間＝2時間10分 歩行距離＝6・0km
第2日 歩行時間＝10時間20分 歩行距離＝20・5km

技術度
体力度

↑庚申山見晴台より、鋸十一峰(左)と北面が切れ落ちた皇海山

←皇海山へのベースになる庚申山荘

コース定数	＝57
標高差	＝1317m
累積標高差	↗2545m ↘2545m

神秘的な雰囲気のある庚申山は、南総里見八犬伝や庚申講信仰で知られ、足尾山塊の中でも人気のある山である。一方、シラビソ、コメツガの原生林に覆われた皇海山は、足尾山塊の最高峰で、庚申山から皇海山への道は、修験者の山らしく険しさとともに奥の深さを感じさせる。

ここでは庚申山荘に1泊して、皇海山を登るコースを歩いてみよう。

第1日 登山口の**銀山平**には国民宿舎かじか荘があり、その前に足尾三山の標柱

■鉄道・バス
往路・復路＝わたらせ渓谷鐵道通洞駅下車。通洞駅から日光市営バスで双愛病院または遠下下車後、銀山平はまでは6キロの徒歩となる。切幹（きりむき）で国道122号と分かれるが、ここには慶応元年に建てられた大きな庚申山碑があり、庚申講の隆盛がうかがえる。この先の小滝には、足尾銅山で栄えた往時をしのばせる「小滝の里ありき」の碑がある。

■マイカー
日光宇都宮道路清滝ICから国道122号などで約25・5キロ、銀山平に駐車場がある。ただし、コウシンソウの咲く時期などは満車となることがある。

■登山適期
積雪期の11月ごろから4月ごろまでは一般的ではない。5月連休すぎのヤシオツツジ、6月のコウシンソウ、秋の紅葉の時期がよい。

■アドバイス
▽切幹の庚申山碑は、江戸講中23名と足尾宿頭取福田真右衛門により設立され、昭和25年に、磐裂（いわさく）神社からここに移設された。
▽かじか荘前の足尾三山の標柱の地上部分の高さは、標高（1000分の1＋1メートル）を表している。
▽丁石は足尾の磐裂神社からはじまり、庚申山が百十四丁目となっている。

岩肌に咲くコウシンソウ

が立てられている。庚申川沿いに道が続き、光風（抗夫）ノ滝の案内をすぎ、笹ミキ沢を越えていくと、やがて苔むした岩がゴロゴロとした天狗《てんぐ》ノ投石《なげいし》に出る。この場所だけの不思議な光景が広がる。

約4キロで**一ノ鳥居**に着く。近くの庚申七滝の入口には、テーブルとベンチがあるので、休憩をかねて見て行くのもよい。

ここからいよいよ山中に入り、沢沿いに樹林の中を緩やかに登っていく。明るく気持ちのよい道である。途中に庚申講時代の丁石を見ながら登れば、やがて「孝子別れの場」のいい伝えのある鏡岩《かがみいわ》に出合う。ここから少し急な登りとなり、夫婦蛙岩《めおとかえるいわ》、仁王門《におうもん》の岩をすぎ、しばらく行くと、樹木も神社の参道らしくなり、青銅の剣のある二ノ鳥居、猿田彦《さるたひこ》神社跡に着く。ここを右に進めば、嶺峰《れいほう》山荘脇を通り、鬼ノ髭《ひげ》すり、めがね岩などの奇岩・怪石のスリルのあるお山めぐりのコースである。左に進むと、今夜の宿となるログハウス風の**庚申山荘**となる。猿田彦神社奥ノ院でもあり、自炊だが、寝具は用意されている。

第2日　いよいよこのコースの核心部を歩く。まず、庚申山へは、**庚申山荘**から左に岩壁基部の樹林の中を山腹を横切るように鎖やハシゴを使って急登する。『南総里見八犬伝』の舞台になったといわれるボンテン岩、トウロウ岩などの奇岩が現れ、大胎内《だいたいない》でお山めぐりのコースと出合う。標識にしたがって直進し、岩場の急登を抜け、やがてコメツガの樹林に入り、緩やかな登りとなる。

クマザサの平坦な道を行くと**庚申山**山頂である。コメツガの樹林に囲まれ展望はよくない。眺めを楽しむには、この先の見晴台がよい。これから登る鋸十一峰《のこぎりじゅういっぽう》、その先に松木《まつき》沢に切れこむ皇海山の雄姿や、日光連山、袈裟丸《けさまる》連峰も見わたせる絶好の場所である。

見晴台から、御嶽山《おんたけさん》の鞍部まで、コメツガ、シラビソの樹林の中をいっきに下る。途中、クマザサの深いところもあるが、尾根筋をはずさないように、駒掛山《こまかけさん》、鶏雲山《けいうんざん》、地蔵岳《じぞうだけ》とアップダウンを繰り返し、灌木の稜線を急登すると薬師岳《やくしだけ》である。皇海山の雄姿が眼前に迫り、この先の尾根が一望できる。

七帽の白山《はくさん》は岩峰である。山頂から松木沢へ深く切れており、北面が野猿谷《やえんだに》とよばれる鞍部に着く。足もとに注意を要するところだ。ここを急登し、蔵王岳《ざおうだけ》を越えると、このコースの核心部で、危険箇所にはロープ、鎖、ハシゴなどがつけられているが、慎重な動作が要求される。

熊野岳《くまのたけ》の崩壊地点をハシゴ、ロープを使って登り、十帽の剣《けん》ノ山《やま》へ向かう。剣ノ山からは、鋸山《のこぎりやま》東面の切り立った岩壁が眼に入り、

▽一日目は、庚申山荘泊となるので、時間に余裕があれば、上級者向けだが、お山めぐりをするのもよい。ただし、雨後などはすべりやすく危険なので、注意が必要。所要時間は、猿田彦神社跡（1時間）鬼ノ髭すり（40分）大胎内（30分）庚申山荘。

▽庚申山荘は通常無人だが、管理人によりきれいに管理されている。宿泊名簿に記入し、料金を箱に入れると、後日領収書が送られてくる。また猿田彦神社の奥ノ院でもあり、5月および10月の第3土・日曜が大祭日。

▽庚申山から六林班峠までは水場はないので、水を充分用意すること。

▽鋸十一峰は、皇海山が庚申山の奥ノ院であったころに修験者が山を行き交った当時の名残であり、庚申山（親帽）、御嶽山（二帽）、駒掛山（三帽）、渓雲山（四帽）、地蔵岳（五帽）、薬師岳（六帽）、白山（七帽）、蔵王岳（八帽）、熊野岳（九帽）、剣ノ山（十帽）、鋸山（十一帽）の名がついている。

▽不動沢の鞍部は、不動沢コースとよばれる群馬県側（栗原川林道皇海橋）登山口からの合流点。ただし、このコースは栗原川林道の閉鎖により、通行不能となっている。

▽女山から六林班峠の間はササが深くなっており、道を確認しながら進むこと。六林班峠からの道は斜面を

身が引き締まる。鎖場をすぎ、小ピークを越すと**鋸山**山頂だ。すばらしい展望で、日光《にっこう》連山、谷川《たにがわ》連峰の360度のパノラマが広がる。

鋸山をあとに、北の急斜面をロープを使って下降し、シラビソの原生林の稜線を行くと、不動沢《ふどうさわ》の鞍部に出る。ここは不動沢を登ってくる群馬県側のコースとの合流点である。休日などは登山者が多く、今までの静寂がうそのようだ。

鞍部から皇海山へ最後の登りとなる。直登から登りも緩やかになり、青銅の剣をすぎると**皇海山**山頂に着く。立ち枯れの進んだ山頂は、眺望はきかないが、明るい静かな趣がある。

山頂をあとに、往路を**鋸山**へ戻り、右の方向へ進み、やせ尾根から女山《めやま》のピークを越えてササ原の中を行くと、開けた**六**《ろく》**林班**《りんぱん》**峠**である。峠からは庚申川源流のブナ林の中、鋸尾根の山腹を横切る単調で長い道を進む。途中、何箇所か沢を越える地点があるので、雨後などは注意が必要だ。

樺平《かんばだいら》をすぎ、天下《てんか》の見晴《みはら》しへの分岐まで来れば庚申山荘も間近だ。時間に余裕があれば、天下の見晴しによって見るのもよい。**庚申山荘**からは、昨日の往路を戻り、約2時間で**銀山平**に着く。

（仙石富英）

CHECK POINT

かじか荘前の足尾三山標柱、高さは標高を示す

特異な岩の天狗ノ投げ石

一ノ鳥居。いよいよ登山道へ入っていく

見ればわかる名前の通りの夫婦蛙岩

庚申山山頂。樹林の中で眺望はない

蔵王岳から見る崩壊の進む熊野岳、この先は要注意

周囲の展望がよい鋸山山頂

皇海山山頂直下の青銅の剣

皇海山山頂。明るいが周囲の展望はない

横切る道のため、のびたササにすべらないよう注意が必要。

ササの深い女山から六林班峠への道

▽天下の見晴しからは、山荘背後の庚申山の岩壁が一望できる。ヤシオツツジ、紅葉の時期はみごとである。▽銀山平のかじか荘は平成29年10月に新装オープンとなった。庚申の湯が引かれ、露天風呂もある。下山後に汗を流すのもよいだろう。

■問合せ先

日光市足尾行政センター地域振興・防災係☎0288・93・3115、同足尾観光課☎0288・93・3116、足尾観光協会☎0288・93・3417、足尾観光タクシー☎0288・93・2222、国民宿舎かじか荘☎0288・93・3420、わたらせ渓谷鐵道☎0277・73・2110、日光警察署足尾交番☎0288・93・0110、日光市営バス☎0288・93・3115（日光市足尾行政センター地域振興・防災係）

■2万5000分ノ1地形図

袈裟丸山・皇海山・中禅寺湖

日光市
•1822
中倉山
1530▲
中倉山
三角点
1500▲
お山めぐりコース
急な道
蛙岩
•1462
•1251
水面沢
笹ミキ沢
丸石沢
一ノ鳥居
天狗ノ投石
庚申七滝
光風ノ滝の
案内板がある
庚申川
ゲート
827m
Start Goal
銀山平
WC P
かじか荘
猿田彦神社
293
国道122号、通洞駅へ

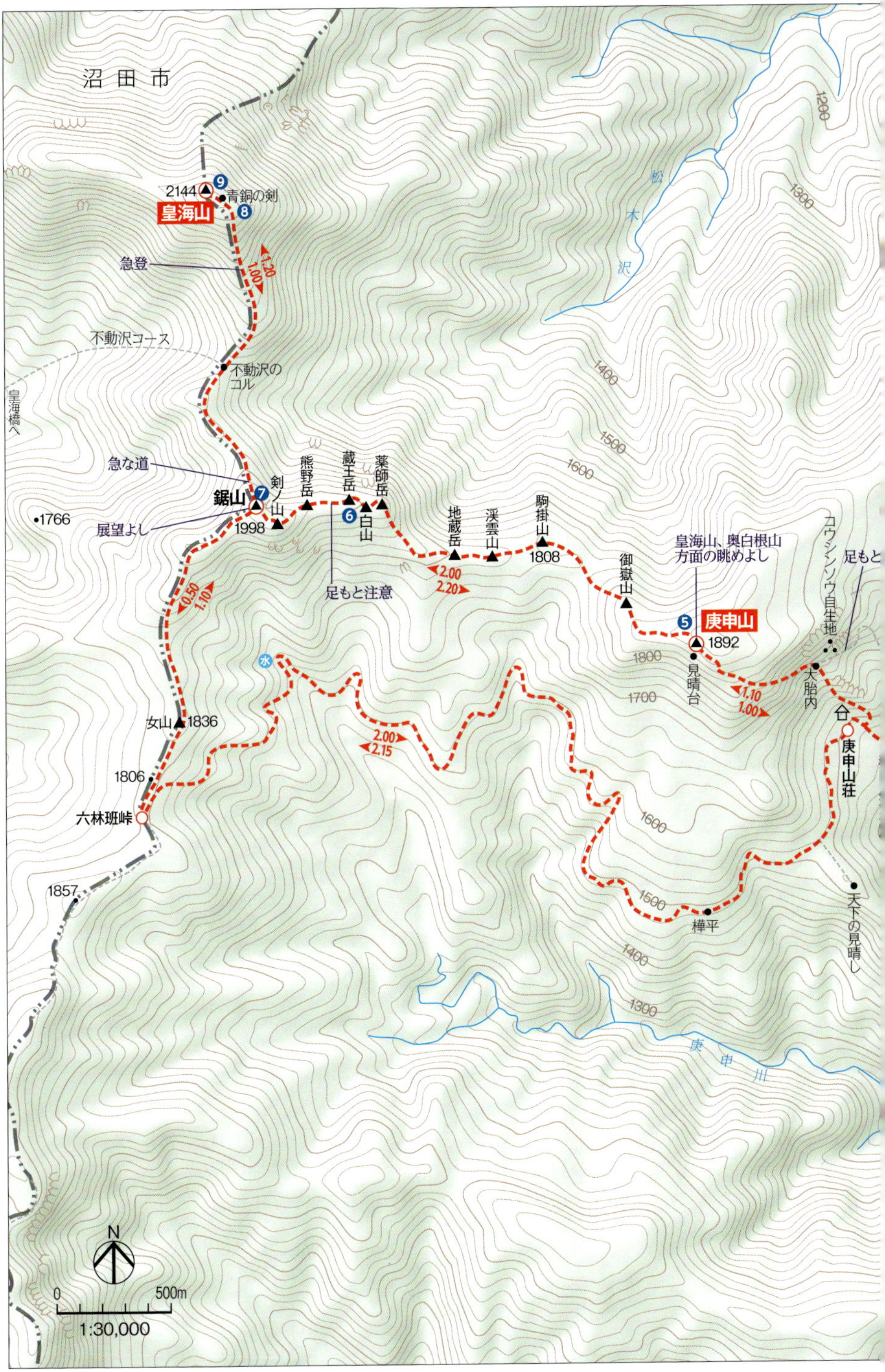

沼田市
2144
青銅の剣
皇海山
急登
1.20
1.00
不動沢コース
不動沢の
コル
皇海橋へ
急な道
鋸山
剣ノ山
熊野岳
蔵王岳
薬師岳
白山
1998
展望よし
•1766
足もと注意
地蔵岳
渓雲山
駒掛山
1808
2.00
2.20
御嶽山
皇海山、奥白根山
方面の眺めよし
庚申山
1892
見晴台
コウシンソウ自生地
足もと
大胎内
1.10
1.00
庚申山荘
0.50
1.10
水
2.00
2.15
女山
1836
1806
六林班峠
1857
1800
1700
1600
1500
1400
1300
1200
松
木
沢
樺平
天下の見晴し
庚
申
川
N
0
500m
1:30,000

30

町の背後にそびえる足尾銅山発祥の山

備前楯山

びぜんたてやま
1273m

日帰り

歩行時間＝3時間40分
歩行距離＝10.0km

技術度
体力度

コース定数	＝**16**
標高差	＝446m
累積標高差	↗ 555m ↘ 714m

↑舟石峠下（本山側）からの備前楯山

←本山の古河橋。日本最古の鉄橋といわれる

備前楯山は、足尾銅山そのものの山で、内部に総延長約1200キロにもおよぶ坑道が掘られている。紹介するコースは、関東ふれあいの道「赤銅の道《あかがね》」として整備された手軽なハイキングコースである。

銀山平《ぎんざんだいら》の国民宿舎かじか荘が起点となる。案内板から北に、あずまやの脇を通り、上の林道へジグザグの急登となる。5分ほどで赤倉《あかくら》に抜ける舟石《ふないし》林道に出る。ここを右に展望台の標識をすぎ、しばらく林道を歩く。本山側からの荒々しさはなく、樹林の美しい道である。

30分も歩くと、道の脇にあずまや風の鳥獣観察舎があり、休憩をとるにもよい。ここまで来れば舟石峠も間近である。峠の手前に「舟石」とよばれたかつての集落跡があり、清水の脇に水神が祀られている。**舟石峠**には駐車場が整備され、マイカーならここが登山口となる。駐車場には峠名の語源となった舟石が置かれている。ここから見る樹林の尾根の先が備前楯山山頂である。

道標にしたがい、登山道に入る。道ははっきりしており、シカの足跡などもあり、野生動物に出会うこともある。緩やかな登りの静かな道である。15分も歩くと**ベンチ**があり、ここをすぎると急登となり、丸太の階段を登り、鞍部に出る。「山頂0・3キロ」の標識があり、稜線を左に、尾根を登りつめる。付近はヤシオツツジが群生する場所でもある。

眼前が急に開けると**備前楯山**山頂だ。岩場で狭い3等三角点の山頂だが、展望はよく、北から西にかけて、足尾鉱毒による松木沢の茶色い岩肌を越して、男体山《なんたいさん》、中《ちゅう》

■鉄道・バス
往路＝わたらせ渓谷鐵道通洞駅下車。通洞駅から日光市営バスで双愛病院または遠下下車。市営バスは日光駅から双愛病院までの便もあるが本州は少ない。前項87ページ参照。
復路＝間藤駅を利用する。

■マイカー
登山には車利用が便利。銀山平までの経路は前項87ページ参照。登山口の舟石に広い駐車場がある。

■登山適期
積雪期を除き、春夏秋の各季節で楽しめるが、5月初旬のヤシオツツジ、新緑の初夏、紅葉の秋がおすすめ。

■アドバイス
▽慶長15（1610）年、備前国（岡山県）出身の2人の農民が山中に銅を発見し、その功績を称えて名づけられたといわれている。
▽足尾銅山は徳川幕府直轄の銅山として栄えていたが、明治10年に古河一兵衛が経営するようになって急速に発展した。一方、渡良瀬鉱毒問題、精錬所からの亜硫酸ガスの煙害など

禅寺《ぜんじ》湖南岸の社《しゃ》山《ざん》、黒檜《くろび》の山々、庚申山《こうしんざん》から皇海山《すかいさん》方面のパノラマが一望できる。東の足もとに目を向けると、足尾銅山の煙害による荒々しさも、植林により徐々に回復している様子がわかる。

山頂をあとにして、来た道を**舟石峠**まで戻り、赤倉《あかくら》方面へ赤銅の道を下っていく。標識がしっかりしているので迷うことはない。**本《ほん》山《ざん》鉱跡**まで下ると、銅山跡の建築物などが往時をしのばせる。日本最初の鉄橋である古河橋《ふるかわばし》を渡ると**赤倉**に出る。**間藤《まとう》駅**までは住宅街を抜けていくが、時間があれば銅山の歴史に触れていくのもよいだろう。（仙石富英）

CHECK POINT

銀山平から関東ふれあいの道を舟石へ

舟石峠駐車場。写真左は舟石、右に男体山遠景

山頂稜線の標識。山頂まで300メートル

備前楯山山頂。360度の展望が広がる

「日本における公害の原点」としても有名である。歴史については、足尾銅山観光、資料館、赤銅（あかがね）親水公園などで知ることができる。

▽銀山平は周囲を自然林に囲まれ、かじか荘のほか、猿田彦神社の里宮遥拝殿やキャンプ場もある。公園の左には中国人殉難慰霊塔がある。これは太平洋戦争当時に中国から強制連行され、銅山の作業で亡くなった中国人を悼んで建てられたものである。

▽銀山平の上の舟石林道から入った展望台からは、銀山平付近が一望できる。

▽かじか荘は、宿泊以外、休憩、下山後の立ち寄り湯も可能である。庚申の湯は、アルカリ単純泉で「美肌の湯」ともいわれている。

■問合せ先

日光市足尾行政センター地域振興・防災係（日光市営バスも）☎0288・93・3115、同足尾観光課☎0288・93・3116、足尾観光協会☎0288・93・3417、足尾観光タクシー☎0288・93・2222、国民宿舎かじか荘☎0288・93・3420、わたらせ渓谷鐵道☎0277・73・2110、日光警察署足尾交番☎0288・93・0110

■2万5000分ノ1地形図

足尾・中禅寺湖

中倉山

なかくらやま
1530m

360度さえぎるものがない足尾山地の展望台

日帰り

歩行時間＝4時間50分
歩行距離＝10・6㎞

技術度

体力度

コース定数	＝22
標高差	＝785m
累積標高差	↗ 910m ↘ 910m

中倉山山頂は360度の大展望。背後は松木沢をめぐる山々

中倉山は日光《にっこう》市の旧足尾《あしお》町にあり、足尾山地の北西部、庚申山《こうしんざん》から派生した中倉尾根上の一山だ。一帯は「日本のグランドキャニオン」などとよばれ、足尾銅山の精錬に伴う煙害などにより、草木の生えないハゲ山だった。現在は緑の再生に向けて国や県、NPO団体などによる植樹などの取り組みで、緑がよみがえりつつある。

銅《あかがね》親水公園から足尾砂防ダムのゲートを経て久蔵《きゅうぞう》川の橋を渡り、さらに松木川の橋を渡って仁《に》田元《たもと》川沿いに舗装された林道を歩いていくと、左下に井戸《いど》沢下流堰堤が見えてくる。ヘアピンカーブを上がり、砂利道になって上方に上久保《かみくぼ》沢の堰堤が目に入るとまもなく**登山口**だ。小ケルンと赤テープの目印がある。

右の樹林帯に入り、小石混じりの道を上がるとトラロープのついた道になり、山腹を右に横切っていくと小さな尾根を越える。尾根に沿った道を進むと涸れ沢に出る。沢につけられたジグザグ道を登ると、やがて沢が広くなり、ケルンの積まれた左の**支尾根**に出

山頂付近からの展望、男体山、社山、半月山など

中倉山の象徴、孤高のブナ。うしろにちょっと山頂をのぞかせるのは男体山

■**鉄道・バス**
往路・復路＝適当なバス便がないので、わたらせ渓谷鐵道の終点、間藤駅から登山口の銅親水公園まで50分ほど歩くか、日光駅やわたらせ渓谷鐵道通洞駅からタクシーを利用する。

■**マイカー**
日光・宇都宮道路清滝ICから足尾方面に左折して日足トンネルを抜け、約19・5㌔で登山口の銅親水公園駐車場へ。

■**登山適期**
4月から11月ごろまでがベスト。5月初旬ごろからアカヤシオ、トウゴクミツバツツジ、シロヤシオ、ヤマツツジなどが順次楽しめる。

林道沿いに咲くヤマツツジ

■**アドバイス**
▽コース中には水場がないので事前に準備しよう。
▽健脚者は展望の尾根歩きを楽しみながら沢入山、オロ山まで足をのばすとよい。
▽登山口の銅親水公園にはトイレ、足尾環境学習センターがあるので立ち寄ってみよう。
▽周辺には足尾銅山関連の産業遺産

る。春にはトウゴクミツバツツジやシロヤシオが迎えてくれる。

ひと休みしたあとは、丈の低いササの茂る尾根をひとのぼりすると1390メートルの小ピークだ。ここを下って少し登り返し、分岐で右の山腹を横切る道に入る。横場山《よこばやま》に続く主尾根を回りこむと前方が開け、社山《しゃざん》や男体《なんたい》山《さん》、半月山《はんげつさん》などが望まれる。

先の枝尾根に出てガレ場を登りきると1500メートルの三角点がある平坦地に出る。ツツジなどの灌木帯を抜けて、少し登るとササ原の向こうに中倉山、沢入《そうり》山《やま》、大平山《たいへいざん》などが目に飛びこんでくる。展望を楽しみながら尾根道を行くと木の山名板が立つ**中倉山**山頂に着く。まさにさえぎるものがない展望台だ。北面の松木沢側を見下ろすと旧松木村の跡地が広がっている。少し先のコルまで下ると、風雪に耐えて立っている**「孤高のブナ」**とよばれる一本のブナがあるので、ここまで往復してみよう。

尾根道はさらに沢入山、オロ山《やま》、庚申山に続くが、ここでは往路を引き返そう。三角点の先から右の道に入り、尾根通しに下り、露岩から少し下の二股で往路に合流してもよい。

（小島守夫）

CHECK POINT

仁田元林道を行く登山者。登山口まで約1時間の長い林道歩きが続く

広い窪地から出て、中倉尾根から仁田元川側に派生した支尾根に出る

中倉山の三角点。この付近はツツジなどの灌木帯で見晴らしがよくなる

標識が立つ中倉山山頂

が多く残されているので、見学するとよい。

■問合せ先
日光市足尾行政センター☎0288・93・3116、日光市観光協会☎0288・22・1525、わたらせ渓谷鐵道☎0277・73・2100、足尾観光タクシー☎0288・93・2222

■2万5000分ノ1地形図
中禅寺湖

32

勝道上人修行の日光前衛の山

笹目倉山・鶏鳴山

ささめくらやま 800m

けいめいざん 962m

日帰り

歩行時間＝7時間10分

歩行距離＝12・4km

技術度

体力度

コース定数＝29

標高差＝662m

累積標高差 1135m 1135m

日光市長畑から望む鶏鳴山の全容

日光市小来川からは笹目倉山の全容が見られる

鶏鳴山、笹目倉山ともに日光《にっこう》開山の祖の勝道上人が修行した山といわれ、鶏鳴山は「悟叡山《ごえいざん》」ともよばれている。ここでは天善教《てんぜんきょう》奥之院登山口から笹目倉山に登り、北へ縦走して鶏鳴山にいたり、長《なが》畑《はた》の里に下るコースを紹介しよう。

天善教バス停から小来川《おころがわ》方面へ約200㍍行ったところが登山口となる。「奥之院へ一里八丁」の標柱が立っている。鳥居をくぐり、りっぱな祠と石碑を見ながら奥之院信仰の急な登山道を登っていく。

光四合目の石柱をすぎ、さらに進むと院拾合目の石柱に着く。まもなく**笹目倉山**の頂上である。3等三角点があり、天善教奥之院のりっぱな社が建っている。

社前の広場から北へ尾根を下っていくと、標高620㍍の最低鞍部に着く。ここから登りとなり、背丈の低いササのなかの山道を進む。桧林の尾根道となり、やがて**815㍍のピーク**に達する。さらに北へ尾根道を忠実にたどり、947㍍のピークをすぎ、岩まじりのやせ尾根をヤマザクラ、アカヤシオ、ヤマツツジを楽しみながら登っていくと3等三角点のある**鶏鳴山**の山頂に着く。北へ少し行

■鉄道・バス

往路＝東武日光線新鹿沼駅前から小来川行きリーバスに乗り天善教で下車。

復路＝東武日光線明神駅から帰途につく。

■マイカー

入山口・下山口が別なので、マイカーは不適。

■登山適期

新緑の4～5月、紅葉の10～11月がよい。

■アドバイス

▽リーバスの小来川行きは便数が少ないので事前に確認すること。

▽笹目倉山山頂から鶏鳴山への縦走路は、道標や標識はほとんどないが、尾根通しの山道ははっきりしている。目印などを確認しながら歩くとよい。

■問合せ先

日光市役所☎0288・22・1111、リーバス☎0289・62・3135（平和タクシー）

■2万5000分ノ1地形図

今市・文挟

くと岩の上に数個の祠が祀られている北の肩に出る。木々の間から日光《にっこう》連山、横根山《よこねやま》、古《こ》賀志山《がしやま》などが望める。

下山は、北の肩から東にのびる尾根を下っていく。山の神の岩をすぎ、ところどころロープを頼りに急な尾根を下り、作業道を横切りながら進むと林道に出る。**鶏鳴山登り口**の標識から西沢《にしざわ》川の渓流沿いに行く。**中井林道入口**、ゴルフ場の高架橋の下を通り、長畑の集落を抜ける。県道70号を横切り、東武日光線**明神《みょうじん》駅**まで歩く。（上杉純夫）

CHECK POINT

天善教バス停から小来川方面へ200㍍の右に笹目倉山の登り口がある

登り口から２時間で天善教奥之院の建つ笹目倉山の頂上に着く

笹目倉山の頂上から鶏鳴山へは樹林の尾根を行く。途中に祠が見られる

３等三角点のある鶏鳴山山頂。木々に囲まれ展望はない

山頂から北へ少し行くと数個の祠があり、樹間から日光連山が望める

尾根を下りきると鶏鳴山の登り口に着き、西沢川沿いに林道を進む

33

羽賀場山

はがばやま
775m

地形図には山名の記載がない1等三角点をもつ山

日帰り

歩行時間＝5時間25分
歩行距離＝6・5km

技術度 ■■□□□
体力度 ■□□□□

コース定数	=**19**
標高差	=534m
累積標高差	↗675m ↘630m

鹿沼市引田から望む羽賀場山の全容

上大久保から見る新緑のお天気山

お天気山からは日光連山が望める

羽賀場山の山塊は鹿沼《かぬま》市の北西に位置し、北に黒川《くろかわ》、南に大芦川《おおあし》を抱き、東西に長い山脈をなしている。山頂に1等三角点があるものの、国土地理院の地形図には山名もなく、静かな山である。長安《ちょうあん》寺《じ》から羽賀場山山頂に登り、お天《てん》気《き》山まで縦走して南面の上大久保《かみおおくぼ》集落に下山するコースを紹介しよう。

天王橋《てんのうばし》バス停から車道を300㍍《メートル》ほど戻って長安寺に向かう。**長安寺**の右手奥が登り口になる。すぐに伐採用の作業道に出て、道標にしたがい、伐採後の斜面をジグザグに進む。やがて尾根上の道となり桧林の中を行くと**ひとつ目の送電線鉄塔**の下に出る。519㍍《メートル》ピークを巻き、尾根の道を進むと**2つ目の送電鉄塔**の下に出る。さらに尾根上を忠実に登ると東西にのびる主稜線に出る。ヤマツツジの群落があり満開時には楽しめる。主稜線を西にたどり、小さな岩峰を越えて進むと**羽賀場山**頂上に着く。

お天気山への縦走は、西へ桧や杉に覆われた岩まじりの尾根を、

■**鉄道・バス**
往路＝JR鹿沼駅前または東武新鹿沼駅前から古峰原線のリーバスに乗り、天王橋バス停で下車。
復路＝同路線の上大久保バス停から乗車、東武新鹿沼駅へ。

■**マイカー**
鹿沼市内から県道14号で古峰原方面へ行き、長安寺入口の石柱から右折する。長安寺の駐車場を利用させてもらう。

■**登山適期**
新緑の4～5月と紅葉～落葉後の10月以降。特に5月のシロヤシオやヤマツツジの開花時がすばらしい。

■**アドバイス**
▽羽賀場山の登り口付近は樹木が伐採され、新たな作業道ができたので、以前とはかなり変わってしまった。ただし、道標にしたがえば迷うことはない。
▽お天気山への縦走路や、お天気山からの下山路には一部迷いやすいところがある。踏跡や目印などを見失わないよう注意が必要だ。

■**問合せ先**
鹿沼市役所☎0289・64・2111、リーバス☎0289・64・3111

目印のテープなどを頼りに、登り下りをいく度となく繰り返しながら進む。1時間ほどでシロヤシオやヤマツツジが多い**777メートルピーク**に着く。いったん下り、登り返して大岩を左に巻くと**お天気山**の頂上だ。ツツジが多く開花時は楽しめる。

下りは南東の急な斜面を、木々に頼りながら急降下したあと、尾根道を下る。二ノ宮の祠をすぎると、**一ノ宮**の祠経由のルートと直接下るルートに分かれるが、どちらを下っても途中で合流する。ほぼ下りきって墓地を抜けると**お天気山登山口**に着き、一般道を数分行くと**上大久保バス停**に出る。

（上杉純夫）

CHECK POINT

長安寺の石段を登り本殿の前を右に行くと、羽賀場山の登山口にいたる

1等三角点のある羽賀場山の頂上。樹林に覆われ、展望はない

お天気山への縦走路。途中大きな支尾根があり、迷いこまないように注意しよう

777メートルのピークをすぎると岩まじりの尾根が出てくる。お天気山の直前の大岩は左へ巻く

ツツジに囲まれたお天気山頂上。5月の満開のころは美しい

お天気山から急な尾根を下ると大きなアカマツの根元に一ノ宮の祠が祀られている

61（関東バス鹿沼営業所）

■2万5000分ノ1地形図

文挟

34 展望とスリルの信仰の山

石裂山

おざくさん
880m（最高点＝900m／月山）

日帰り

歩行時間＝4時間15分
歩行距離＝6・0km

技術度 ■■■□□
体力度 ■□□□□

コース定数＝16
標高差＝591m
累積標高差 ↗640m ↘640m

笹の越路集落からの石裂山

　石裂山は前日光《まえにっこう》県立自然公園の南東端にあり、日光連山、足尾《あしお》山地の絶好の展望台となっている。勝道上人の開山と伝えられ、山麓には鹿沼《かぬま》側に加蘇山《かそさん》神社、粟野《あわの》側に賀蘇山《がそやま》神社があり、石裂山は両神社の奥社として信仰されていた。「おざく信仰」として江戸時代には年間1万人の参詣者があったといわれている。低山だが、アルミのハシゴや鎖場のある変化に富んだ山である。ここでは鹿沼側の加蘇山神社から、石裂山、月山を周遊するコースを紹介しよう。

　石裂山バス停のすぐ先に**加蘇山神社社務所**があり、横の林道を10分ほど歩くと**加蘇山《かそさん》神社下の広場**に着く。マイカー利用の場合はここに駐車するとよい。ここからは神社の石段を登っても、左の沢沿いのコースを行っても途中で合流する。

　いくつかの橋を渡って進むと**竜《りゅう》ケ滝《たき》休憩舎**に着く。すぐ先で右に月山《がっさん》方面への道を分け、千本《せんぼん》かつらをすぎて沢から離れ、左岸を少し行くとあずまやのある**中の宮跡**に着く。ここから鎖場のある行者《ぎょうじゃ》返《がえ》しの岩場を登ると、まもなく石裂岩で、右のハシゴを登ると洞窟内に奥の宮が安置されている。

　山頂へは左の巻道を進み、木の根の露出した急な尾根に取り付く。登りつめるとヒゲスリ岩だ。手すりや階段が設置されて安全になったが、慎重に行動しよう。

　春はカタクリが咲くジグザグの道を登ると**主稜線**に出る。右に行くと東剣《ひがしけん》ノ峰《みね》で、ハシゴを使って下り、登り返すと西剣《にしけん》ノ峰《みね》である。少し東に行くと、遠くに高原山《たかはらさん》が望める。戻って長いハシゴを下ると御沢《おさわ》峠で、粟野側からのコースが合流する。少し急登して稜線に

■鉄道・バス
往路・復路＝JR鹿沼駅または東武新鹿沼駅からリーバス石裂行きで終点下車。ただし、本数が少ないのでタクシーかマイカー利用がおすすめ。

■マイカー
東北自動車道鹿沼ICから県道石裂上日向線（240号）で約23㌔。登山口の加蘇山神社下に駐車場がスタート地点。

■登山適期
春のアカヤシオと紅葉の秋がおすすめ。冬枯れの時期も静かな山行を楽しめるが、岩場が多いので、積雪のある時期は避けた方がよい。

■アドバイス
▽危険箇所には安全対策として鎖やハシゴが設置されているが、転落滑落事故が発生しているので、慎重に行動してほしい。

■問合せ先
鹿沼市役所☎0289・64・2111、リーバス☎0289・62・3135（平和タクシー）、鹿沼合同タクシー☎0289・62・3188

■2万5000分ノ1地形図
古峰原

出る。左に行くとすぐ三角点のある**石裂山**山頂だ。

分岐まで戻って北に行くと月読命が祀られている社がある**月山**だ。春はアカヤシオに彩られ、休憩によい。

下山は鳥居の前の急な尾根道を下る。やや平坦になるあたりから右に杉林を下り、祠のある岩の下を通り抜けると鎖場で、ゴルジュを右に巻いて窪地に下る。沢沿いの道を進み、沢を渡ると往路と合流する。**竜ヶ滝休憩舎**を見送り、30分も下ると**加蘇山神社の社務所**に帰り着く。


（小島守夫）

栃木県の名木百選に選定されている千本かつら

CHECK POINT

1 加蘇山神社と駐車場。マイカーの場合は、ここがスタート地点になる

2 行者返しの岩場につけられた鎖。ここを登るとまもなく奥の宮

3 アルミバシゴで登りつめると洞窟に奥の宮が鎮座する

4 東剣ノ峰からの下りに設置されている長いアルミのハシゴ

5 石裂山山頂。展望はよくない。新しい入峰の碑伝が置かれている

6 月山山頂。朽ちかけた月山神社が建っている

35

山頂部に深いキレットと岩壁を抱く静寂の山

二股山

ふたまたやま
570m

日帰り

歩行時間＝3時間25分
歩行距離＝6・0km

技術度

体力度

コース定数＝13	
標高差＝406m	
累積標高差	↗451m ↘430m

↑下沢の里から望む二股山

←二股山北峰から西方を見る。下沢の里や鹿沼市街が望める

二股山は、鹿沼《かぬま》市の西に位置し、頂上が二股に分かれた特異な姿をしている。頂上に祠が祀られている信仰の山で、静かで奥深い山の雰囲気を味わうことができる。地元では手軽に登れる山として人気がある。ここでは南の加園《かぞの》側のルートを登り、北峰から東にのびる尾根上を送電線に沿って下るコースを紹介しよう。

加園火の見下バス停近くの表示にしたがって右折し、舗装された道をほぼ北に直進する。途中から未舗装の林道となり、2㌔ほど進むと林道終点の**加園登山口**に着く。さらに100㍍ほど進むと回遊コースの分岐となり、右に杉林の中の往路コースを進む。分岐から30分あまり登ると尾根の**鞍部**に出る。左のつつじ岩の右を巻き尾根通しに進む。下沢コースの分岐をすぎ、急坂を登りきると雷電《らいでん》様《さま》の祠があり、その先が3等三角点のある**二股山**頂上（南峰）である。石裂山《おざくさん》、横根山《よこねやま》方面を望むことができ、春にはヒカゲツツジやヤマツツジが美しい。

南峰からは急な岩まじりの尾根をいったん鞍部に下り、**北峰**に登る。古賀志山《こがしやま》、鹿沼方面の見晴らしがよい。

下山は、NHK鹿沼テレビ中継送信所の脇から、送電線の真下を下る。広い尾根を北北東に進み、やがて東南東にのびる尾根を送電線に沿って下る。下りきった鞍部から送電線と分かれ、再び尾根を

■鉄道・バス
往路＝JR鹿沼駅または東武鉄道新鹿沼駅前でリーバスの上久我線に乗り、加園火の見下バス停で下車する。
復路＝下沢大関橋バス停で古峰原線のリーバスに乗り、東武鉄道新鹿沼駅またはJR鹿沼駅に戻る。
■マイカー
東北自動車道鹿沼ICから加園登山口

CHECK POINT

加園火の見下バス停から2キロほど進んだ林道終点の登山口

雷電様の祠をすぎると二股山頂上（南峰）だ

南峰の頂上。石裂山、横根山方面が望める

北峰の頂上。岩壁に囲まれており、古い祠が祀られている

下山は、北峰からNHK鹿沼テレビ中継送信所の脇を下る

下沢城跡を越え急な尾根道を下ると堰堤の脇に出る

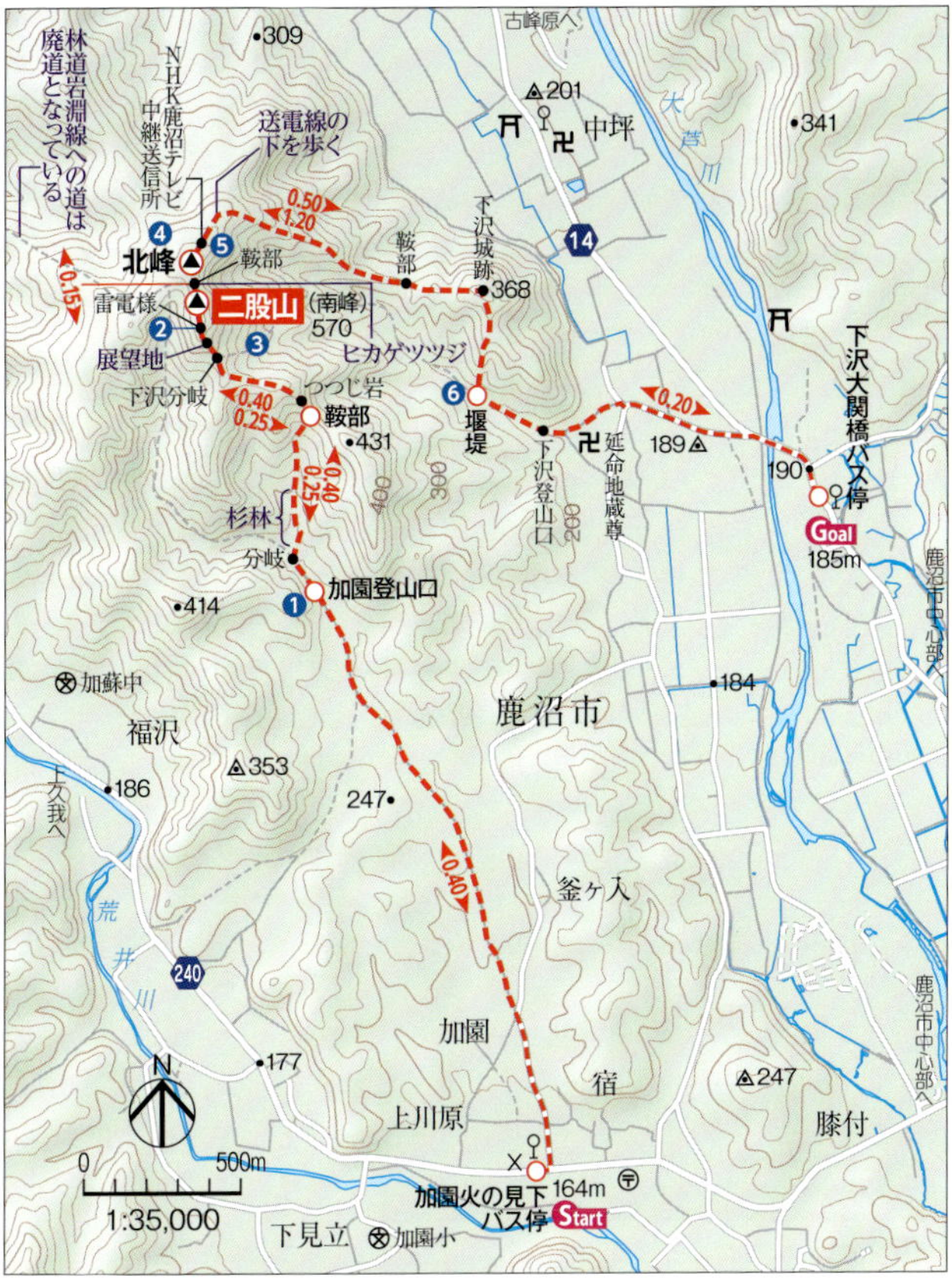

登る。下沢《しもざわ》城跡を越え、急な尾根を下ると**堰堤**の脇に出る。延命地蔵尊を右に見て県道14号に出合い、大関橋《おおぜき》を渡ると**下沢大関橋バス停**に着く。（上杉純夫）

頂上付近にはヒカゲツツジが見られ、4月にはクリーム色の花を咲かせる

へは約14キロ、下山口の下沢口登山口へは約12・5キロ。登山口に数台駐車可能。

■登山適期

ヤマツツジの4～5月、紅葉・冬枯れの11～12月がよい。

■アドバイス

▽頂上付近は岩壁が多く、切れ落ちているので慎重に行動すること。

▽北峰と南峰の間は急峻で日当たりが悪く、冬期は氷結しやすく、すべるので注意を要する。

▽下久我側からのかつて沢沿いに林道をつめていく一般道は、2015年秋の豪雨で崩壊、廃道になっていて、林道岩渕線も通行止め。

■問合せ先

鹿沼市役所☎0289・64・2111、リーバス☎0289・62・3135（平和タクシー）、☎0289・64・3161（関東バス鹿沼営業所）

■2万5000分ノ1地形図

鹿沼・文挟

36

岩峰に立つ開放感が味わえる小連峰

岩山

いわやま
328m（一番岩）

日帰り

歩行時間=3時間
歩行距離=4・5km

技術度

体力度

コース定数	=**11**
標高差	=179m
累積標高差	↗ 255m ↘ 255m

鹿沼市日吉団地から望む岩山

岩山頂上（一番岩）から二股山方面を望む

岩山は鹿沼《かぬま》市街地に近く、交通の便がよいため、市民のハイキングコースとしてよく知られている。古くから岩登りの初心者向けのゲレンデとしても利用されていて、岩場を歩く緊張感、岩峰に立つ開放感を手軽に楽しむことができる山でもある。ここでは三番岩《さんばんいわ》から一番岩《いちばんいわ》にいたる縦走コースを歩いてみよう。

鹿沼西中入口バス停から日吉《ひよし》保育園の駐車場の間を左折し、日吉神社の石段を上がる。神社前の車道を左に進んだところが登山口だ。桧林を抜け、A峰の基部に着くと、岩場の連続となる。

岩場に切られた足場を頼りに登ると、展望のよいC峰の頂に着く。ベンチがあるので休んでいこう。

C峰からは岩の間を通り、**三番岩**に立つ。ここから一番岩まで約1キロの縦走となり、5月にはヤマツツジが楽しめる。

ハシゴを上がり、ベンチのある岩稜に出る。ここからしばらく下り、14段のハシゴを

■鉄道・バス
往路・復路=JR鹿沼駅前または東武新鹿沼駅前で、リーバスの上久我線または古峰原線に乗り、鹿沼西中入口バス停で下車。

■マイカー
鹿沼市内から県道14号を古峰原方面へ進み、鹿沼西中入口前を右折し、細い舗装道路を道なりに進むと日吉神社の前に出る。神社周辺の空き地に数台駐車できる。

■登山適期
年間を通して楽しめるが、高温の真夏と降雪時は避けた方がよい。

■アドバイス
▽岩山は凝灰岩の山で、水分を含むとすべりやすくなる。降雨時や降雨後は決して無理をしないこと。滑落による死亡事故も起きている。
▽特に猿岩からの長い岩壁の下降は、腕力と脚力が必要である。体力に自信のない人やスリップしやすい荒天時や降雨後は、猿岩の手前から左へ目印にしたがって木とロープを伝って下るルートを下るか、一のタルミまで戻って下山することをすすめる。
▽岩山は、初心者の岩登りのゲレンデとして最適である。岩登りの指導者のもとで三点支持などの基本技術の練習を行ったあとに縦走すれば、より楽しい山歩きになるだろう。

■問合せ先

登って急な岩場を下ると二のタルミ（鞍部）に着く。ベンチもあり休憩に手ごろな場所だ。

二のタルミから急な登りとなり、やがて**二番岩**に着く。稜線をはずさないよう目印に注意しよう。やがて大岩のある一のタルミで、東へ下るエスケープルートがあり、荒天時などに利用することができる。一のタルミから一番岩までは雑木林中の岩場を登る。三角点のある**一番岩**は、日光連山などの展望が楽しめる。

さらに稜線を進むと猿岩に出る。ここから垂直に近い数十㍍の岩壁の下りとなり、太い鎖を頼りに一歩一歩慎重に下ろう。あるいは、猿岩の手前から左へ目印にしたがい、木とロープを頼りに急坂を下る。

岩壁の下に下りてからは桧林の中をさらに下る。**ゴルフ場**のネットの脇を通って、作業道を進み車道に出て岩山の東側の裾を歩き、日吉幼稚園を経て**鹿沼西中入口バス停**に戻る。

（上杉純夫）

CHECK POINT

バス停から日吉幼稚園の駐車場の間を通り石段を登ると日吉神社に着き、左折すると登山口は近い

桧の林を抜けるとA峰の基部に着く。ここから岩場の連続で、A峰の基部を巻き、C峰との間のルンゼを登る

岩場をひと登りするとC峰の頂に着く。ベンチがあり、ひと休みして展望を楽しむといい

三番岩をすぎ、二のタルミから急斜面を登ると二番岩に着く

三角点のある岩山の最高点の一番岩。展望がよく、日光連山などが楽しめる

猿岩の下降点。大きな鎖を頼りに数十㍍の下りとなる

鹿沼市役所☎0289・64・2111、リーバス☎0289・64・3161（関東バス鹿沼営業所）

■2万5000分ノ1地形図
鹿沼

37

永野の奥にひっそりとそびえる鋭鋒

尾出山・高原山

おでやま 933m
たかはらやま 754m

日帰り

歩行時間＝4時間40分
歩行距離＝6・8㎞

技術度

体力度

コース定数＝19	
標高差＝578m	
累積標高差	↗843m ↘843m

尾出山は鹿沼《かぬま》市と佐野《さの》市の市境界線上に位置し、東に永野《ながの》川、西に秋山《あきやま》川の清流が流れている。日光開山の祖である勝道上人が修行した信仰の山でもあり、深い樹林に囲まれ、静かな山歩きが楽しめる。ここでは、一般的な永野川上流の寺沢《てらさわ》林道から尾出山に登り、高原山への縦走コースを紹介しよう。

高原山の下りの途中から見上げる尾出山

熊鷹山山頂から遠く尾出山を望む

大間《おおま》田《た》原《はら》林道出合付近の駐車地から寺沢林道を終点まで上がると**二股**に着く。標識にしたがって右股の小沢を渡って左股の沢に入る。左岸を高巻き気味に桧林の中を沢沿いに進む。沢をつめて杉林の斜面を登ると、二股から約1時間で大きな杉木立の静かな**峠**に着く。

峠からは主稜線を北へ、雑木の中の岩まじりのやせ尾根を登ると30分ほどで**尾出山**山頂に達する。2等三角点が置かれ、勝道上人修行第二宿堂跡の石碑がある。木々

■鉄道・バス
往路・復路＝利用できる公共交通機関はないので、登り口まではマイカーかタクシーを利用する。

■マイカー
県道199号から永野与洲平で寺沢橋を渡り、寺沢林道を林道大間田原線の分岐付近まで進み、林道脇の空き地に駐車する。

■登山適期
新緑の5月、紅葉から冬枯れの10～11月がよい。

■アドバイス
▽リーバス永野与洲平線は廃止されたため、マイカーかタクシーの利用となる。
▽近年、ヒルが多くなり、特に夏場は激しい。充分なヒル対策をとる必要がある。

■問合せ先
鹿沼市役所☎0289・64・2111

■2万5000分ノ1地形図
中粕尾

の間から横根山《よこねやま》が大きく見える。

　頂上をあとに**峠**まで引き返す。高原山へは桧や雑木の広い尾根を南下する。825㍍の山田山のピークを知らぬ間に通りすぎ、新緑や紅葉が美しいなだらかな尾根を進むと、やがてアカマツの根元に3等三角点がある**高原山**山頂だ。展望はないが、静かな頂である。

　下山は山頂から急な下りをいっきに下ると、送電線185号鉄塔の下に出る。粟野《あわの》の山々が眺望できる。いったん林の中に入り、黄色の杭にしたがって送電線管理用の道をジグザグに下ると、送電線186号鉄塔の下に出る。ここで黄色の杭を折り返すようにして杉林の中の送電線管理用の道をジグザグに下って小沢を渡り、林道大間田原線に出て下っていくと寺沢林道に合流し、**駐車地**に戻る。（上杉純夫）

CHECK POINT

県道199号から寺沢橋を渡り、林道を進む

林道終点から沢に入り、左股の沢沿いに行く

沢の左岸を高巻きしながら登っていく

沢をつめ、杉林の中の斜面を登ると峠に着く

尾根道を北へ30分ほど登っていくと尾出山の頂上に着く

高原山は展望もなく静かな頂だ

38

清流の渓谷美をもつ好展望の山

熊鷹山・丸岩岳

くまたかやま　1169m
まるいわだけ　1127m

日帰り

歩行時間＝4時間20分
歩行距離＝6・0km

技術度
体力度

コース定数＝17
標高差＝633m
累積標高差　↗735m　↘735m

林道作原沢入線からの熊鷹山

熊鷹山からの丸岩岳方面

頂上から日光連山を望む

熊鷹山は佐野《さの》市北西部の群馬県境の近くに位置している。山懐に抱かれる小戸《こと》川源流は落葉樹に覆われ、新緑や紅葉の時期には自然の美しさを満喫することができる。山頂からの展望はすばらしく、日光《にっこう》連山はもとより、関東一円の山、遠くは富士山、八《やつ》ヶ岳《たけ》、南アルプスまでの眺望を得ることができる。ここでは一般的な林道小戸線終点の登山口から熊鷹山に登り、丸岩岳まで縦走するコースを紹介しよう。

登山口から小戸川右岸沿いの山道を進む。沢は狭く小滝が多く、それぞれに滝の名前を表示した標識が立てられている。板《いた》ノ滝、五《ご》段《だん》ノ滝、仙《せん》ノ滝を見ながら、大きな杉が立ち並ぶ十一本《じゅういっぽん》杉に着く。まもなく丸岩岳への分岐で、下山の際にはここに下りてくる。小坂《こさか》ノ一ノ滝、小坂ノ滝、ささら釜《かま》ノ夫婦《めおと》滝と現れる。

やがて沢は二股となり、右股沿いに登る。**夫婦杉**をすぎ、右から流れこむ小沢沿いに進む。ここで水の補給をしていこう。涸れ沢を登りつめて小尾根をたどり、やがて左へ雑木の斜面を横切るように進むと丸岩岳への縦走路の**分岐**に出る。

右へ鳥居をくぐり、山の神の祠を右に見ると、ひと登りで2等三角点のある**熊鷹山**頂上である。木製のりっぱな展望台があり、360度の展望が楽しめる。

ひと休みしたら、登ってきた道を**分岐**まで戻り、ササに覆われた

■**鉄道・バス**
往路・復路＝公共交通機関の利用は便数が少なく、バス停から登山口まで往復4時間弱歩くことになるので、実際的ではない。

■**マイカー**
北関東自動車道佐野田沼ICから県道16号、201号などで約24㌔。林道小戸口線は凹凸があり、車高が低い車は注意する必要がある。登山口の林道終点は広くなっており、数台の駐車は可能。

■**登山適期**
新緑前後の4～5月と紅葉の10～11月がよい。

■**アドバイス**
▽近年沢沿いの道ではヒルがいるので対策が必要である。
▽丸岩岳からの下りのルートで、奈良部山（ならぶやま）への分岐や小戸川に下るポイントなどはよく確認すること。

■**問合せ先**
佐野市役所☎0283・24・5111、佐野市営バス☎0283・20・3014（佐野市役所交通生活課）

■**2万5000分ノ1地形図**
沢入・番場

縦走路を南下する。すぐに桐生《きりゅう》方面へ下るうすゆき新道との分岐があるので、うっかり入りこまないよう注意したい。

　丸岩岳への尾根は広いので踏跡を見失わないよう注意しながら進むこと。1084メートルのピークをすぎると木々に覆われた**丸岩岳**の静かな山頂に着く。

　下山は、東へ広い尾根を道標や目印に注意して下ると、往路で通過した分岐に戻る。（上杉純夫）

CHECK POINT

1 仙ノ滝。小戸川の渓谷には名称がつけられた多くの小滝がある

2 2本の大きな杉の木が立つ夫婦杉

3 斜面を横切るように進むと縦走路に出て、右に登っていく

4 りっぱな展望台が立つ熊鷹山山頂。360度の展望が開ける

5 ササに覆われた縦走路を南下すると丸岩岳に着く。木々に覆われた静かな頂上だ

6 東へ広い尾根を道標や目印にしたがって下っていくと往路で通ったこの分岐に出る

39

今も信仰が息づく山を訪ねる

三峰山（御嶽山）

みつみねさん（おんたけさん）
605m

日帰り

歩行時間＝4時間25分
歩行距離＝7・0km

技術度

体力度

コース定数＝17

標高差＝460m

累積標高差 690m 690m

蔵本集落から奥の院、剣ヶ峰方面

県南部の栃木《とちぎ》市と鹿沼《かぬま》市粟野《あわの》の境にある三峰山は御嶽《おんたけ》信仰の山であり、現在も白装束で参拝する信者の姿を見ることがある。南側から見る山の形から「鍋山《なべやま》」ともよばれているが、山の西側は石灰の採掘で削り取られて痛々しい。

←祖霊殿と奥の院

↑湿った岩場に好んで咲くジンジソウ

星野御嶽山入口バス停からすぐ先の橋を渡り、10分ほどで**登山口**の御嶽山神社に着く。マイカーの場合は神社南側の参詣者用の駐車場を利用させてもらおう。境内には御嶽山案内図があり、登山者名簿に記帳してから三峰山里宮右脇の石段を登り、祖霊殿右の道を進んで杉林に入る。

しばらくすると**清滝《きよたき》不動**に着き、左下の滝に打たれる修行者に出会うこともある。横の階段を登りつめると普寛堂《ふかんどう》がある。ここから霊神の立ち並ぶ急な石段を登り、右に進むと**御嶽大神御岩戸**の入口で、ベンチがあり、休憩によい。

右に回りこむと表日光《おもてにっこう》連山が目に入る。この先の巻道は右が切れ落ちているので慎重に通過しよう。暗い杉林を抜けると稜線に出る。道標にしたがって分岐を右に行くと**奥の院**で、天之御中主尊（アメノミナカヌシノミコト）、高皇産霊尊（タカミムスビノミコト）、神皇

■鉄道・バス
往路・復路＝JR・東武栃木駅から栃木市営バス星野行きに乗り、終点の星野御嶽山入口バス停で下車する。所要約45分。

■マイカー
東北自動車道栃木ICから県道栃木粕尾線（32号）で登山口の永野御嶽山まで約12キロ。御嶽山神社の南側に参詣者用駐車場があるので駐車をお願いする。

■登山適期
積雪量が少ないので、一年中楽しめるが、急登、急下降があるので、降雪後は注意が必要。

■アドバイス
▽登山口の駐車場は御嶽山の参拝者用なので、社殿前の登山者名簿に記入してから登山するようにしたい。
▽三峰山は御嶽山、剣ヶ峰、権現山などの総称である。
▽権現山から月山へ下る鎖場は危険なので、初心者は避けた方がよい。周辺には縄文時代の竪穴住居跡などが発見された星野遺跡や、セツブンソウ、カタクリの自生地、それに、767年に勝道上人が開山したと伝えられる出流山満願寺などがある。

■問合せ先
栃木市役所☎0282・22・3535、栃木市観光協会☎0282・25・2356、鹿沼市役所☎0289・64・2111、栃木市営バス（関

産霊尊（カミムスビノミコト）の三尊立像がある。展望が開け、三峰山方面が望める休憩によい場所だ。

　分岐まで戻り、そのまま尾根に沿って南に進むと、右側に立ち入り禁止のトラロープが出てくる。**剣ケ峰**《けんみね》の右側を巻いて急坂を下ると八坂様入《やさかさまいり》口《ぐち》の鞍部に出る。そのまま直登すると権《ごん》現山《げんやま》で、左に三峰大神への道を見送り、右の杉林に入る。

　急下降して着いたところが倶利伽羅《くりから》不動尊の**分岐**だ。登り返してなだらかな尾根道をたどり、ロープ沿いの道を行くと石祠のある**三峰山**山頂に着く。西側は採石場で危険なので立ち入らないように。

　下山は**分岐**まで戻り、右に下ると、すぐに出合う岩の下に倶利伽羅不動尊が安置されている。杉林の中の歩きにくい道を下り、右に横切ると**浅間大神**《せんげん》で、鍾乳洞がある。ここからは足場が悪いので注意して下ろう。林道に出ると御嶽山神社は近い。**登山口**に戻り、往路を**星野御嶽山入口バス停**へ。

（小島守夫）

東バス栃木出張所）☎0282・22・2645
■2万5000分ノ1地形図
仙波

CHECK POINT

三峰山登山の基点となる御嶽山神社。横に駐車場がある

普寛行者を祀る 普寛堂の横から霊神碑の並ぶ急な石段を登る

杉林を抜け、主稜線に出たところから右に進むと奥の院で、三尊立像が立つ

三峰山山頂。樹林の中で展望はない。下山道分岐から往復する

下山道分岐から下り、すぐ下の岩場の基部に倶利伽羅不動尊が安置されている

浅間大神からの下りは足場が悪いので、要注意

40

松の緑が鮮やかな藤原秀郷ゆかりの山

唐沢山・諏訪岳

からさわさん　249m
すわだけ　324m

日帰り

歩行時間＝3時間30分
歩行距離＝11・0㎞

技術度
体力度

コース定数	＝**15**
標高差	＝285m
累積標高差	↗530m ↘510m

↑多田方面からの唐沢山から諏訪岳（左）の山並み

←唐沢山神社から遠く都心の高層ビル群を望む

　唐沢山は佐野《さの》市北東部に位置し、深い谷やアカマツが覆う断崖に囲まれた自然を残している山である。一方、諏訪岳は端正な山容で、葛生《くずう》方面から見ると、いっそう美しく、地元では、「中村《なかむら》富士」ともよんでいる。両山をめぐるコースは「松風《まつかぜ》の道」として整備され、気軽に登山が楽しめる。ここでは露垂根《つゆしね》神社からのコースを歩いてみよう。

　JR佐野駅から北に向かい、城山《しろやま》公園の東を通って、県道唐沢山公園線を東に進む。犬伏《いぬぶし》町交差点を左折し、北に唐沢ゴルフ場をすぎると**露垂根神社**だ。

　ここが富士町からの登山口で、鳥居の手前を左に行くコースには入らず、神社からのコースを行く。梅林公園へ下る道をすぎればほどなく**唐沢山**山頂だ。城跡をしのばせる石垣で築かれた枡形が残り、本丸跡には唐沢山神社の社殿が建っている。社務所付近からは南に広がる関東平野の眺望がすばらしく、夕方には東京の高層ビルの灯りも見える。

　神社をあとに、**唐沢青年の家**の脇からキャンプ場の下を通り、しばらく「松風の道」を行く。この道は標識もしっかりしていて、林道との交差を繰り返しながら道が続いている。尾根にはアカマツが多く、**見晴らし休憩所**の先から林道と離れ右の尾根道に入ると、樹林越しに東に東北自動車道、太平《おおひら》山《やま》、岩舟山《いわふねやま》、西に田沼《たぬま》の街並みが見える。途中のピークを左に折れ、

■**鉄道・バス**
往路＝JR両毛線佐野駅、東武佐野線佐野駅下車。
復路＝タクシーでJR両毛線岩舟駅へ。

■**マイカー**
登山口の露垂根神社、山頂の唐沢山城址に駐車場がある。車の場合はいずれも往復登山となる。

■**登山適期**
年間を通して登れるが、桜や新緑のころ、秋の紅葉時期、冬の陽だまりハイキングなどがよい。

■**アドバイス**
▽東武佐野線田沼駅を起点とした「松風の道」を歩いて唐沢山山頂へ出るコースもよい。唐沢山神社参道入口レストハウス側の天狗岩からの眺望が魅力。田沼駅（30分）唐沢下鳥居（40分）唐沢山神社入口（10分）唐沢青年の家。
▽唐沢山山頂には、平成26年3月に国指定史跡となった唐沢山城址がある。ムカデ退治伝説の藤原秀郷が築いたと伝えられ、関東七名城に数えられる。
▽京路戸峠から村檜神社までは1・4㌔だが、交通の便を考えると、西に下り、京路戸公園から工業団地を抜け、東武佐野線多田駅に出るほうが便利である。
▽村檜神社入口には、岩舟駅前と栃木駅を結ぶふれあいバス（皆川樋ノ

CHECK POINT

1

唐沢山への入口となる露垂根神社

▼

2

藤原秀郷ゆかりの唐沢山神社

▼

3

林道から京路戸峠へ尾根に入る

▼

4

明るく開けた見晴らし休憩所

▼

5

京路戸峠、ここで休憩し諏訪岳に

▼

6

諏訪岳山頂。樹林で展望はよくない

東京農工大演習林内を進む。「京路戸《きょうろと》峠0・4キロ」の標識から下った鞍部が**京路戸峠**である。

京路戸峠からは、10分ほど行くと村檜《むらひ》神社へ下る分岐に出る。ここを左に緩やかな登りを進むとベンチのある見晴らし台に着く。眼下の田沼市街や足利市方面の展望がよい。すべりやすい急な道を登り、石祠のある平坦部をすぎて右に回りこむと三角点のある**諏訪岳**山頂だ。あまり広くなく展望もよくない。

山頂からは南東の尾根の急なすべりやすい道を注意して下っていくと、松風の道と合流し、その先、展望台から歩いて来た唐沢山への稜線を遠望しながら下ると、**村檜神社**に着く。村檜神社からはバスの便が悪いため、タクシーを利用し岩舟駅へ向かう。（仙石富英）

口線）があるが、本数は少ない。

■**問合せ先** 佐野市観光協会☎0283・21・5111、岩舟町観光協会☎0282・54・3313、栃木市ふれあいバス案内☎0282・21・2153（栃木市交通防犯課）

■**2万5000分ノ1地形図** 田沼

41

四季折々の花と陸の松島を展望する山

太平山・晃石山

おおひらさん 341m
てるいしさん 419m

日帰り

歩行時間＝3時間50分
歩行距離＝12・0km

技術度
体力度

コース定数＝18	
標高差＝384m	
累積標高差	↗740m ↘743m

西山田方面からの山並み。最高峰が晃石山、左に桜峠の鞍部

太平山は、太平山県立自然公園、関東ふれあいの道のコースとして、よく整備されている。太平山から馬不入山《うまいらずさん》を越えて、岩舟山《いわふねさん》まで縦走する健脚者向きの、比較的長いコースを歩いてみよう。

東武日光線新大平下駅《しんおおひらした》西口を出て右に、県道栃木藤岡《ふじおか》線の旧道とバイパスを横切り、JR両毛《りょうもう》線の踏切を越える。先のY字路を右に進み、グレープロードの交差点を直進すると客人《まろうど》神社入口の小さな鳥居に出る。ここを左に約100メートル進むと**下皆川《しもみながわ》登山口**だ。古びた石段を登り、しばらく林の中を行く。

傾斜がなだらかになると、正面に太平山が望める。林道を横切ると石段が現れ、その先の分岐は左の道を行く。少し急登し、フィールドアスレチックのコースをすぎると謙信平《けんしんだいら》に着く。関東平野を一望する眺めは、「陸の松島」ともよばれ、すばらしい。

しばらく車道を進み、随神門をくぐり、石段を上がると**太平山神社**に着く。杉の老木に囲まれ、荘厳な雰囲気が漂う場所だ。神社の右手から山道に入り、杉林の中を行き、尾根道に出るとひと登りで**太平山**山頂である。富士浅間《ふじせんげん》神社が鎮座し、神社裏手からわずかに日光方面の山が望める。

山頂をあとに西の急な道を下る。電源開発中継局アンテナで車道に出て、すぐ先で左の登山道に入ると、まもなく**ぐみの木峠**に着く。木の階段を上がり、尾根を進むと晃石《てるいし》神社だ。ベンチもあり、休憩によい。神社裏手にコース中の最高峰で1等三角点の**晃石山**山頂がある。

境内の左手から4つのアップダウンを経て、木製の手すりのある

■鉄道・バス
往路＝東武日光線新大平下駅、あるいは、JR両毛線大平下駅下車。
復路＝JR両毛線岩舟駅を利用する。
■マイカー
下皆川登山口付近に駐車場はないため、縦走コースではマイカーは不適。別コースの大中寺、清水寺、途中の謙信平には駐車場がある。
■登山適期
年間を通して登れるが、春の桜、ツツジ、初夏のアジサイ、晩秋の紅葉時期がよい。
■アドバイス
▽JR両毛線栃木駅からバスを利用する場合、北口より太平山行きまたは国学院行きに乗り、終点で下車。
▽太平山神社は、佐野市の大慈寺と同じ慈覚大師（円仁）が天長4（827）年に創建したといわれ、徳川三代将軍家光以来、代々崇拝された神社である。
▽大中寺は雨月物語にも登場する曹洞宗の寺で、上杉謙信がこの寺に縁があった関係から、七堂伽藍を寄進した。上杉、北条両氏が和議を結んだ場所でもある。
▽馬不入山は馬でも通りにくい難所だったことが名の由来という。
▽高勝寺のある岩舟山は採石により岩肌が露出しているが、かつては「関東の高野山」とよばれ、一大霊場として栄えた。

西方から見た採掘の進む岩舟山

謙信平から馬不入山、遠く岩舟山を望む

急坂を下ると、あずまやのある**桜《さくら》峠**である。西側は伐採により見通しがよく、東西に関東ふれあいの道が横切っている。

まっすぐ稜線を進むと、30分ほどで**馬不入山**山頂に着く。本コース中随一の眺望で、三毳山《みかもやま》、岩舟《いわふね》山《さん》、遠く南に渡良瀬《わたらせ》遊水地、秩父《ちちぶ》や西上州《にしじょうしゅう》の山並みが一望できる。

帰路は、急下降と急登を繰り返して**車道に出る**。車道を横切り、道なりに鷲《わし》神社の脇を進む。田園地帯の道を、右手に溜池を見ながら、標識に導かれて舗装路を登ると**岩舟山《いわふねさん》**高勝寺《こうしょうじ》である。山頂からは三毳山や関東平野が一望できる。あとは、南側の600段の石段を下れば、**JR岩舟駅**である。

（仙石富英）

問合せ先
栃木市役所☎0282・22・3535、栃木市大平総合支所☎0282・43・9205、大平町観光協会0282・43・9213、岩舟町観光協会☎0282・54・3313

2万5000分ノ1地形図
栃木・下野藤岡

CHECK POINT

1 下皆川の太平山登山口

2 太平山神社境内、山頂へは右に

3 浅間神社裏の太平山山頂

4 コース中最高峰の晃石山山頂

5 展望のよい馬不入山山頂

6 岩舟山山頂の高勝寺山門

42

山名にまつわる足利忠綱の哀しい伝説の山
赤雪山・仙人ヶ岳①

あかゆきやま 621m
せんにんがたけ 663m

日帰り

歩行時間＝5時間15分
歩行距離＝9・6km

技術度

体力度

コース定数＝**24**

標高差＝413m

累積標高差 1145m 1145m

松田方面からの赤雪山

下山口となる湖畔キャンプ場。中央は551メートルピーク

赤雪山は足利《あしかが》市北部松田《まつだ》川ダムの北に位置する足利市第二位の標高の山である。地元では「あけきの山」ともよび、ハイキングコースとして親しまれている。松田川ダムから比較的長い赤雪山～仙人ヶ岳を周回するコースを歩いてみよう。

赤雪沢駐車場からダム湖畔に沿って進み、山頂から南にのびる尾根の末端が**登山口**だ。湖畔の道から尾根に向かって斜めに進み、樹林の中を山頂に向かう。山頂まで約1・5キロの道は、はっきりしており、迷うことはない。途中は植林された樹林の中で、眺望はよくないが、地図上の**491メートルピーク**に来ると右手斜め前方に目指す赤雪山山頂が見えてくる。

いったん少し下り、登り返していくと、あずまやのある3等三角点の**赤雪山に**着く。北東方面の眺望はよくないが、樹間に多高山《たこうさん》、西に仙人ヶ岳、その奥に赤城山《あかぎやま》が望まれる。北から北西には、これから向かう仙人ヶ岳への稜線越しに、桐生《きりゅう》北部の鳴神山《なるかみやま》、三境山《さんきょうさん》や日光《にっこう》方面の山が望まれる。

コースは、あずまやから北に、アップダウンの多い比較的広いアカマツの尾根を行くが、眺望はよくない。途中、露岩の尾根をすぎ、先のピークから尾根上を西に進み、急登すると地図上の**585メートルのピーク**である。緩やかな尾根を行き、標識をすぎて岩場の急下降から急登し、大きな岩を左に巻くように進むと**623メートルのピーク**だ。ここから南に尾根を進む。松田川ダムへの標識が現れると、5分ほどで**仙人ヶ岳**山頂だ。

■鉄道・バス

往路・復路＝東武伊勢崎線足利市駅あるいはJR足利駅から、足利市生活路線バス松田線（足利中央観光バス）で松田町バス停下車。松田川に沿って、RECAMP足利（旧松田川ふれあい広場）への道を左に分けて行くとダム上部メモリアル広場に着く。

■マイカー

北関東自動車道足利ICから県道208号、218号、219号などで約14キロ。あるいは県道67号桐生岩舟線（旧国道50号）葉鹿町交差点で県道219号松田葉鹿線に入り、直進約13キロ。RECAMP足利に10台、赤雪沢の松田川ダム登山口駐車場に約40

下山は、猪子《いのこ》峠方向へ進み、**熊《くま》ノ分岐**をすぎて、展望のよい**551メートルピーク**で主稜線からはずれる。コースの最後のつめだから、注意して下りたい。山火事で焼けたあと、植林された北斜面を、尾根をはずさないように、眼下に見える松を目指して下る。松の木の先を登り返すとダムへの**標識**があり、標識から自然林と植林地の境を約100メートル急下降すると、仙人ヶ岳登山口の標識が現れる。**作業道**に入り、堰堤を越えて**湖畔キャンプ場**に出る。湖畔を20分ほど歩いて**駐車場**に戻る。（仙石富英）

CHECK POINT

1 ダム上部の赤雪沢駐車場

2 湖畔から右に尾根に入る

3 植林された尾根を行く

4 491メートルピーク

5 あずまやの建つ赤雪山山頂

6 足利市最高峰の仙人ヶ岳

台駐車可能。

■登山適期
年間を通して登ることができるが、ツツジの咲く春から初夏、晩秋、冬の陽だまりハイキングに最適である。

■アドバイス
▽赤雪沢沿いの道は、平成26年2月の大雪で稜線まで杉の倒木が道をふさいでおり、安全のため、現在立入禁止となっている。
▽足利義兼の怒りをかって逃亡した忠綱がこの山で追っ手につかまり、悲惨な最期を遂げた。その時に白雪が真っ赤に染まったことから山名がつけられたといわれている。
▽仙人ヶ岳東のピーク手前から、林道に下り、松田川ダムへ出るコースもある。林道まで約20分。
▽RECAMP足利（旧松田川ダムふれあい広場）は通年の営業で、バーベーキュー場、オートキャンプ場、湖畔キャンプ場などの施設がある。要予約。

■問合せ先
足利市役所☎0284・20・2222、足利市観光協会☎0284・43・3000、足利市生活路線バス☎0284・22・0088（足利中央観光バス）、RECAMP足利（旧松田川ダム・ふれあい広場）https://www.nap-camp.com/

■2万5000分ノ1地形図
番場・足利北部

43

松田川源頭の足利市最高峰の山
仙人ヶ岳②

せんにんがたけ
663m

日帰り

歩行時間＝4時間55分
歩行距離＝9・0km

技術度 ■■□□□
体力度 ■□□□□

コース定数	＝19
標高差	＝457m
累積標高差	↗690m ↘690m

赤雪山南尾根より望む仙人ヶ岳（右）の稜線

足利《あしかが》市の西北部、群馬県境に位置し、標高は低いが、沢沿いの道や適度な岩場、尾根歩きは変化があり、標高を忘れさせる味のある山である。小俣北町《おまたきたまち》の**岩切登山口**から仙人ヶ岳山頂へ登り、熊《くま》ノ分岐から猪子《いのこ》峠を回るコースを紹介しよう。

猪子峠に向かう稜線からの松田湖

岩切橋たもとが**岩切登山口**となる。案内板から鳥居をくぐり、小俣川の沢沿いに林道を行く。堰堤から先は道も狭くなる。丸太の橋を渡って緩やかな登りとなり、15分ほどで不動沢ノ滝入口分岐に着く。ここは右に高巻きの道を行くが、この先、沢の水音を聞きながら沢を左右に渡り返すと、やや開けたところに岩を背後にした**生《なま》（生満）不動尊**に着く。このあたりにはニリンソウやヤマブキソウなどが見られる。さらに進むとかつてのマンガン採掘鉱がいたるところに姿を現す。

やがて沢の水音も消え、道も沢から離れていくと、ここからいよいよ急登となり、いっきに高度を上げる。**熊ノ分岐**は、仙人ヶ岳と猪子峠の稜線上にあり、灌木の稜線を20分ほど歩くとなだらかで広い仙人ヶ岳東のピークに着く。樹林に囲まれ展望はよくない。北に赤雪山への案内板があり、ここからわずかで**仙人ヶ岳**山頂だ。ここもまた樹林に阻まれ展望はよくな

■鉄道・バス
往路・復路＝JR両毛線小俣駅下車。生活路線バスのやまなみ号小俣線終点の小俣北町バス停下車。バスは1日4便と少ないので、タクシー利用が便利。

■マイカー
北関東自動車道足利ICから県道208号、218号などで約14㌔。あるいはJR両毛線小俣駅から県道218号で約23㌔。小俣北町バス停付近道路脇に5～6台の駐車スペースあり。岩切登山口には駐車スペースはない。猪子トンネル入口東側に数台おけるスペースあり。

■登山適期
年間を通して登ることができるが、花の多い春、落葉の秋がよい。

■アドバイス
▽生不動尊は、正しくは「岩切山生満不動尊」といい、約1000年前に当時の世尊寺（鶏足寺）の僧が不動明王を祀ったのがそのはじまりとされている。現在でも4月と11月第一日曜に祭礼が行われる。

岩陰に建つ生不動尊

▽岩切登山口から仙人ヶ岳を往復す

CHECK POINT

1 岩切登山口。駐車はこの手前、バス停前に数台

2 右の岩切登山口からの登山道の合流点、熊ノ分岐

3 仙人ヶ岳山頂

4 犬帰りの鎖場を下る

5 犬帰りの巻道。岩に自信のない人は巻道がよい

6 猪子峠。写真左の道を県道へ下る

いが、明るく開けている。

下山は、**熊ノ分岐**まで戻り、そこからは登りの時とは反対に猪子峠へアップダウンを繰り返し、露岩のやせ尾根を行く。途中、山火事で焼けた北東斜面を越していくと左に赤雪山や眼下に松田川ダムも姿を見せる。標識のある鞍部を越えると、このコース中いちばんの難所である**犬帰り**《いぬかえ》の岩場である。上から見ると右側が切り立っており、実際は6～7㍍の高度差であるにもかかわらず、それ以上に高度感がある。鎖がついているので、あせらず一歩ずつ下れば問題ないが、不安であれば、巻道を行くとよい。この先の511㍍ピーク付近は特に眺望がよい。

この先、小さなアップダウンをしていくと**東尾根の分岐**となる。ここを右に稜線を進むと**猪子峠**。標識通りに杉林の中を小俣方面に下り、車道に出ると10分ほどで**岩切登山口**に着く。（仙石富英）

るだけでも充分楽しめる。健脚なら、紹介したコースを逆にたどるのも、登りの好展望が楽しめてよい。

▽仙人ヶ岳東ピークには北に赤雪山への案内板がある。42赤雪山参照。

▽不動沢の滝分岐を左に進んで滝を見るのもよい。足場は悪いが、滝の脇を通り上に出る道もある。

■問合せ先

足利市観光協会☎0284・43・3000、足利市生活路線バス☎0284・22・0088（足利中央観光バス）、小俣タクシー☎0284・62・0117

■2万5000分ノ1地形図

足利北部・番場

44

石尊信仰の山は松とツツジの美林が魅力

深高山・石尊山

しんこうざん 506m
せきそんざん 487m

日帰り

歩行時間＝3時間
歩行距離＝6・0km

技術度
体力度

コース定数＝12

標高差＝356m

累積標高差 ↗435m ↘468m

叶花付近より望む石尊山(右)

深高山から石尊山への尾根道は低山ながらも、関東平野、日光《にっこう》連山など眺望のよいコースである。足利《あしかが》には、眺めがよく、手軽に登山気分が味わえる山が多い。ここもそのひとつである。

足利市生活路線バス（あしバスアッシー）、**松田4丁目バス停**からスタートする。バス停先の十字路を左折し、県道218号名草坂西線を**猪子トンネル入口**まで行く。トンネル東側から林道（松田粟谷線）を100メートルほど入り、右に杉林の中を沢沿いに急登する。登りきると右方向へのびる緩やかな尾根道となり、**十字路**に出る。ここが深高山、名草《なぐさ》、粟屋町《あわやちょう》への分岐である。

道標にしたがって進むと林道に出るが、林道の脇を通り、木を階段状に埋めた急な尾根道を登ると**深高山**山頂である。2等三角点の山頂からは、南に足利、太田《おおた》の街並み、北から西にかけて樹林の間から仙人ヶ岳《せんにんがたけ》を越して日光連山、赤城山《あかぎやま》などの上毛《じょうもう》の山々が望める。

石尊山を目指し、下り気味にアップダウンのある尾根道を行く。右手に仙人ヶ岳の稜線を見ながら湯殿山《ゆどのさん》への分岐まで来れば、石尊山山頂までひといきである。**石尊山**山頂は眺めもあまりよくなく、うっかりすると通りすぎてしまう。すぐ先に開けた**見晴台**があり、休憩によい。この下に石尊神社奥宮がある。その社の下は断崖で、覗きこむと採石場とソーラーパネルが広がっている。

下山は石尊不動尊に向かって稜線の道を下っていくと、釈迦岩、碁盤岩、屏風岩などの名前のついた岩が現れ、その間のツツジは庭園の植えこみのようだ。ツツジの咲くころはおすすめのところだ。

■鉄道・バス
往路＝往路は、東武伊勢崎線足利市駅から足利市生活路線バス（あしバスアッシー）松田行きに乗車、松田4丁目バス停もしくは湯ノ沢バス停下車。
復路＝石尊下バス停からJR両毛線小俣駅へ。あるいは徒歩で小俣駅に向かっても所要1時間ほど。

■マイカー
北関東自動車道足利ICから県道208号、218号などで約12・5キロ。猪子トンネル入口（東側）松田側に数台、石尊神社境内に数台駐車可能。また、神社から小俣側に行った県道脇の叶花集会所にも駐車可能。

■登山適期
年間を通して登れるが、冬の陽だまりハイキング、春のカタクリ、ツツジなどの花の咲くころがよい。

■アドバイス
▽JR両毛線小俣駅からの場合は足利市生活路線バス小俣線やまなみ号で、小俣北町下車し、猪子トンネル（西側）まで歩き、ここから猪子峠に登ると、紹介のコースに合流する。石尊下で下車の場合は、逆コースとなる。この場合、猪子峠から小俣北町へ下る。いずれにしてもバスは本数が少ない。
▽稜線上、湯殿山分岐から湯殿山の道は崩壊のため、通行禁止となっている。

稜線から分かれると、道は急な下りとなり、「是より女人禁制」とある大きな石柱をすぎ、八丁目の丁石と岩の上にある石の不動様を横目に行くと、まもなく梵天祭りで有名な石尊不動尊である。祭では、ここから山頂までいっきに駆け上るとのこと。すぐ下が下山口の**石尊下バス停**だ。

なお、県道218号に出て、左に1時間ほど歩けばJR小俣駅に出られる。途中には、春日神社、開創約1200年といわれる鶏足《けいそく》寺《じ》などがあり、時間に余裕があれば寄ってみるのもよい。

（仙石富英）

CHECK POINT

1 猪子峠から左へ直進すると仙人ヶ岳へ

2 猪子峠先の粟谷町への分岐（十字路）

3 南には足利市街を望む深高山山頂

4 尾根上の２等三角点の石尊山山頂（487m）

5 春にはツツジのきれいな碁盤岩付近の登山道

6 女人禁制碑（十三丁目）、ここまで来ると石尊神社は近い

▽石尊山の梵天祭りは、「商売繁盛・五穀豊穣」を願って、江戸時代から続く小俣地区の伝統行事で、県指定無形民俗文化財になっている。例年、8月14日の早朝に行われ、石尊山山頂に長さ15メートルの杉丸太の梵天竿を担ぎ上げる奇祭。

石尊神社、8月14日には梵天祭りが行われる

▽鶏足寺（真言宗）は、809（大同4）年東大寺の僧定恵の開山で、はじめは世尊寺といった。平将門の乱に際し、平定を祈願させたところ、修行所の将門の土蔵の首に鶏の足跡がついたことから、940（天慶3）年に鶏足寺に改めたという。文化財も多い。

■問合せ先

足利市観光協会☎0284・43・3000、足利市生活路線バス☎0284・22・0084（足利中央観光バス）

■2万5000分ノ1地形図

足利北部

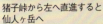

名刹と歴史の街を望む尾根

行道山

ぎょうどうさん
442m（石尊山）

日帰り

歩行時間＝3時間20分
歩行距離＝8.0km

技術度
体力度

コース定数＝**13**	
標高差＝227m	
累積標高差	↗415m ↘603m

行道山をめぐるコースは関東ふれあいの道「歴史のまちを望む道」として整備され、低山ながら、日《にっ》光《こう》・上信越《じょうしんえつ》・秩父《ちちぶ》連山方面の眺望がきき、四季を通じて家族で楽しむことができる。行道山から織姫《おりひめ》神社までの尾根を歩いてみよう。

登山口の**行道山浄因《じょういん》寺**は、「関東の高野山」ともよばれ、栃木県の名勝第一号に指定されている。

←行道山（右）～両崖山への山並み（樺崎町方面より）

←浄因寺境内を望む、巨岩上に清心亭が建つ

参道を埋める3万3000体ともいわれる石仏群を見ながら、石段を上がっていくと、10分ほどで山門に着く。続いて不明《あかずの》堂があり、振り返ると切り立った断崖の上に、葛飾北斎が版画にした清心亭が、南画さながらのたたずまいを見せている。4月中旬には岩の上のトウゴクミツバツツジの赤紫の花、初夏のシャガの群落が、訪れる人の目を楽しませてくれる。

急坂を登りきると左に50センチほどの寝釈迦像が横たわる。四十九院涅槃台だ。稜線を南下すると、数分で3等三角点の**石尊山**山頂見晴台に着く。360度の展望が楽しめ、ベンチもあり、休憩によい。

この先、平坦な稜線を進むと**剣《けん》ケ峰《みね》**（大岩山《おおいわやま》）に着く。春にはツツジが美しい。続いて桧林の急坂を下ると、大岩毘沙門天《おおいわびしゃもんてん》からの車道終点に出る。ここからは車道を通ってもよいが、駐車場の手前から**大岩毘沙門天**に寄ってみるのもよい。本堂は日本三大毘沙門のひとつとして有名で、足利《あしかが》市重要文化財に指定されている。

参道の石段を下り車道から、再び左の山道に入る。274メートル4等三角点をすぎ、小さなアップダウンを越していくと、林道（大岩・月谷線）を横切り、再び稜線の道に戻る。念仏供養尊のある十文字をすぎ、その先、急坂につけられた階段を上がると**両崖山《りょうがいさん》**山頂だ。足利城址があり、石垣、堀跡などが残っている。御岳神社を中心と

■**鉄道・バス**
往路＝東武伊勢崎線足利市駅下車。足利市生活路線バス（あしバスアッシー）行道山行きの終点で下車。便数が少ないので、タクシー利用がよいだろう。
復路＝足利市駅もしくはJR足利駅を利用する。

■**マイカー**
北関東自動車道足利ICから県道208号、218号などで浄因寺まで約6キロ。浄因寺に駐車場がある。また織姫神社にも駐車可能。

■**登山適期**
年間を通して楽しめる。桜、ツツジなどの咲く春、晩秋、冬の陽だまりハイキングなどがよい。

■**アドバイス**
▽浄因寺駐車場から浄因寺まで利用できたモノレールは運休中で再開は

CHECK POINT

1
石仏を脇に階段を登り浄因寺へ

2
石尊山山頂見晴らし台

3
剣ヶ峰(大岩山)。ここから毘沙門天へ

4
大岩毘沙門天、最勝寺山門、運慶作といわれる

5
十字路の念仏供養尊。近くにカタクリ群生地がある

6
石造りの御岳神社だけが残った山火事後の両崖山山頂

した境内には、足利市指定天然記念物の６本のタブノキ自生林がある。

石段を下り、稜線沿いに明るい岩まじりの道を行くと鏡岩《かがみいし》展望台に着く。ここからは足利市内が一望できる。左に下り、織姫公園のツツジ園を通りすぎ、古墳前の階段を下ると**織姫神社**である。鮮やかな朱塗りの神殿がまぶしい。石段を下り、あとは**ＪＲ足利駅**を目指す。（仙石富英）

不明。

▽行道山浄因寺は、和銅7（714）年行基上人開基といわれる臨済宗の古刹。関東四霊場のひとつで、山号の「行道山」は「わが道を行ずる霊地」として名づけられたという。

▽大岩毘沙門天は、正式には「大岩山最勝寺」で、天平17（745）年に聖武天皇の勅命により行基が開山したといわれる。本堂は奈良の信貴山、京都の鞍馬山とともに日本三毘沙門のひとつに数えられている。また、大晦日にはあくたい祭り、元旦には滝流しの式が行われる。

▽織姫神社は、織物の町足利の守護神として、昭和12年に創建され、天神が祀られている。

■問合せ先
浄因寺☎0284・42・4464、足利市観光協会☎0284・43・3000

■2万5000分ノ1地形図
足利市北部・足利市南部

46

露岩の尾根と好展望の山

大小山・大坊山

だいしょうやま 314m
だいぼうさん 286m

日帰り

歩行時間＝5時間45分
歩行距離＝13・0㎞

技術度

体力度

コース定数＝22

標高差＝284m

累積標高差 770m 770m

西場方面からの大小山

大小山・大坊山はともに足利市《あしかが》の東部に位置し、低山ながら、好展望の山として地元ではなじみのある山である。コースも整備され、堅い露岩の尾根は手ごろな登山を楽しむことができる。

妙義山山頂からの大坊山

JR富田《とみた》駅で下車。すぐ西の踏切を渡ると、道の角々に大小山登山口を示す道標が設置されている。広い県道を横切り、三柱《みはしら》神社をすぎ、養老《ようろう》ノ碑の先を左折するとまもなく登山口の**阿夫利《あふり》神社**だ。神社脇の道を行き、見晴らしコースに入ると、まもなく右に男坂、左に女坂への分岐となる。谷筋に沿った女坂を行き、樹林先を回りこむと、男坂コースと合流して天狗岩直下のあずまやのある**見晴台**に出る。背後の崖には、下から見えた「大」「小」の文字がかけられている。

左手の岩場にかけられた鉄バシゴを登って稜線に出ると、すぐ天狗岩のピークで、標識ではここを大小山（282メートル）としている。地図上の2等三角点のある**大小山**（妙義山）山頂は狭いが、360度の展望は随一である。

山頂から西の岩稜を下り、越床《こしとこ》峠に向かう。ピークを2つほど越し、ロープの張られた岩場を注意して通過するとアブラツツジの尾根になる。祠のある鞍部から次のピークを左に下ると**越床峠**に着く。続いて樹林の中のすべりやすい道の急登となり、少し下ると休憩所の山頂番屋がある。

■**鉄道・バス**
往路・復路＝JR両毛線富田駅が最寄り駅。

■**マイカー**
北関東自動車道佐野田沼ICから県道16号、259号などで約9キロ。阿夫利神社下広場にはベンチとトイレがあり、駐車場となっている。約15台駐車可能。この駐車場の下にも登山者用に広い駐車場がある。

■**登山適期**
年間を通して登れるが、秋から新緑のころ、冬の陽だまりハイキングによい。

■**アドバイス**
▽大小山は昔、「鷹巣山」とよばれ、登山口の阿夫利神社は、大天狗、小天狗の棲む霊場として、多くの信徒を集めていたという。山腹の「大」「小」の文字は大天狗、小天狗からとったもので、平成7年10月に再び復活した。
▽越床峠には「山頂番屋」という休憩所がある。地主が有志の協力を得て登山者のために建てたもの。休憩所と管理小屋がある。
▽大小山登山道は、神社脇を行く見晴らしコース、滝の先から南の支稜に登る滝コース、駐車場前から向かいの小道を行く妙義山コースがある。
▽大坊山頂の大山祇神社は落雷で消失し、下に移された。
▽大山祇神社から、大沼田団地南の

ピークの手前、平坦になったところから左に山腹を横切って稜線に出る。西側は崖なので要注意。この先は、気持ちのよい岩の稜線歩きとなる。東に大小山、西に行《ぎょう》道《どう》山《さん》の稜線を見ながら進む。大坊山手前のツツジ山にはベンチもあり、眺望がよい。長林寺《ちょうりんじ》への分岐をすぎると、ひと登りで広い**大坊山**山頂に着く。

下山は、山頂の神社跡から参道を下り、**大山祇《おおやまづみ》神社**に出る。神社下の駐車場からは関東平野や秩父《ちちぶ》方面の眺望がすばらしい。

車道を下り、大小山の標識を左に団地の北を通る。**やまゆり学園**から東の尾根に入り、大小山からの**南尾根合流点ピーク**の岩場に出る。ここから南に下り、次のピークから東の支稜を下り**阿夫利神社**に着く。あとは車道を**JR富田駅**に向かう。

（仙石富英）

CHECK POINT

かつては霊場として栄えた阿夫利神社

背後に大小の文字がかけられた見晴台

大小山山頂（282メートル）標識の岩峰（天狗岩）

妙義山山頂（地図上の大小山）314メートル

越床峠。左に下ると足利病院へ

明るく広い大坊山山頂

大沼田集会所バス停あるいは県道67号（桐生岩舟線）の東足利バス停から足利駅に出られる。

▽2018年4月にJR両毛線富田駅から900メートル足利寄りにあしかがフラワーパーク駅が新設された。

■問合せ先
足利市役所☎0284・20・2222、足利市観光協会☎0284・43・3000、毛野公民館☎0284・41・2574、足利フラワーパーク☎0284・91・4939

■2万5000分ノ1地形図
佐野・田沼

47 手軽に縦走のできる宇都宮市民健康ハイキング

本山（篠井富屋連峰）

もとやま（しのいとみやれんぽう）
562m

日帰り

歩行時間＝4時間50分
歩行距離＝12・5km

技術度
体力度

コース定数＝21

標高差＝343m

累積標高差 780m 805m

徳次郎町西方の男抱山山頂からのコース全景、左に榛名山、中央右に高館山

榛名山から男体山、女峰山

宇都宮《うつのみや》市北部の篠井・富屋地区に標高500メートル《メートル》ほどの山並みがある。北から榛名山《はるなさん》、男山《おとこやま》、本山、飯森山《いいもりやま》、高館山《たかだてやま》、黒戸山《くろとやま》、兜山《かぶとやま》の山々の連なりで、「宇都宮アルプス」として親しまれている。

JR宇都宮駅から関東バスの日光方面行きに乗って市街を離れ、日光街道（国道119号）を北上するにつれて、正面に篠井富屋連峰の山並みが迫ってくる。船生《ふにゅう》街道入口の**一里塚《いちりづか》バス停**で下車し、船生街道を登山口のうつのみや平成記念こどものもり公園まで約2キロを歩く。公園内の**冒険活動センター管理棟**から、最短コースで正面の榛名山を目指す。管理棟の上部にあるあずまやからハイキングコースの標識にしたがって、樹林の道から展望台へ登る。正面に榛名山が姿を見せ、ここから急な道を登ると**榛名山**山頂だ。樹林に囲まれ展望はあまりよくない。

山頂から北東に向かって下り、鞍部からわずかに登ると、小ピークの**男山**山頂だ。北に高原山《たかはらやま》、東にコース最高峰の本山が望める。

往路を分岐まで戻り、左に下って、鞍部からひと登りすると**本山**山頂に立つ。360度の展望を楽しんでいこう。次の飯盛山へは、再び往路を戻り、下からの道を左に稜線沿いに下る。下りきった林の中を東に進み、送電線鉄塔下から急登すると**飯盛山**山頂だ。雑木に囲まれ、展望はよくない。

山頂をあとに、すべりやすい急な道を下り、舗装された大畑林道に出て左に行く。大畑《おおはた》林道口の標識から杉林に入ると、まもなく**青**《せい》

■鉄道・バス
往路＝JR宇都宮駅から日光方面行きの関東バスに乗り、一里塚バス停下車。便数は少ないが、船生・塩野室行き関東バスなら、篠井学童前バス停下車が便利。
復路＝中徳次郎バス停から宇都宮駅行きのバスに乗る。

■マイカー
東北自動車道宇都宮ICから国道119号、293号、県道77号などで子どものもり公園へ。距離約7キロ。宇都宮市冒険活動センターの駐車場が利用できる。

■登山適期
年間を通して楽しめる。空気の澄んだ秋から冬の陽だまりハイキングがよい。

■アドバイス
▽交通の便が悪いので、縦走の場合は北から南に宇都宮市街へ向かう方が、帰りのバスに都合がよい。
▽登山口はほかに、中篠井、中徳次郎口などがある。それぞれを起点にコースを設定するとよい。大網登山口は日光街道の大網入口から入る

CHECK POINT

急登から展望のある棒名山山頂へ

展望に恵まれ、周囲の山々がよく見える男山山頂

飯盛山山頂。晴嵐峠へ注意して下ろう

高舘山山頂。広いが夏は樹木で眺望はない

尾根途中の黒戸山山頂

兜山山頂（372㍍）、樹木に遮られ眺望はよくない

嵐《らん》峠に出る。なだらかな道を登り、大きな岩の下を抜け、先の分岐を左にとると**高舘山**山頂だ。平坦で広いが、展望はよくない。

分岐まで戻り、左に進む。登り着いた**黒戸山**山頂は稜線上の目立たないピークだ。山頂から林の中を下り、舗装された林道に出たら、ここを右に送電線の下をすぎ、左の作業道に入る。大岩の下を巻いて行くと**兜山**の山頂だ。標高は低いが、樹間から日光方面が望める。

下山は、林道まで戻り、右に下っていくと中徳次郎《なかとくじら》登山口に出る。ここからは田園の中を右前方徳次郎の集落を目指して進む。日光街道徳次郎交差点のすぐ北側に**中徳次郎バス停**がある。

（仙石富英）

が、付近に二宮尊徳の設計で知られる二宮堰がある。

▽一里塚は、日本橋から28本目の道標といわれている。

▽うつのみや平成記念こどものもり公園は、平成8年に宇都宮市制100周年を記念してつくられた。篠井連峰散策の拠点として活用できる。

▽国土地理院地図上の兜山は鬼山で、ここでの兜山は送電線北の372㍍の方である。鬼山には黒戸山から下った林道の左にある送電鉄塔の下から前方に進む。

■問合せ先

宇都宮市役所☎028・632・2222、宇都宮市観光コンベンション協会☎028・632・2445、うつのみや平成記念こどものもり冒険活動センター☎028・669・2441、関東バス宇都宮営業所☎028・647・1181

■2万5000分ノ1地形図

下野大沢・大谷

48

低山ながら展望が楽しめる信仰の山

鞍掛山

くらかけさん
492m

日帰り

歩行時間＝4時間30分
歩行距離＝11・0km

技術度

体力度

コース定数＝15

標高差＝318m

累積標高差 350m 350m

新里町からの新緑の鞍掛山の全容

鞍掛山は宇都宮《うつのみや》市北西部に位置し、古賀志山《こがしやま》から半蔵山《はんぞうさん》に連なる山脈の中央にどっしりと居座っている馬の鞍のような形をした山で、山全体がご神体となっている。ヤマツツジ、ヤマザクラ、新緑や紅葉、大岩からの展望など、四季を通じて楽しめ、家族連れで一日のんびりできる。ここでは奥ノ院から大岩を一巡する最もポピュラーなコースを紹介しよう。

新里町《にっさとまち》バス停から車道を50メートルほど戻り、右折してすぐ先の大きな交差点を左に折れ、国道293号を足利《あしかが》・鹿沼《かぬま》方面に約1キロ南下し、「国本《くにもと》西小学校」の看板が立つ信号機のある交差点を右折する。右手前方に見える台形をした鞍掛山を目指して進み、**宇都宮市森林公園への分岐**を右に行くとやがて道は細くなり、射撃場のフェンス沿いに進む。鞍掛林道の標識にしたがって左の林道を約70メートル行くと鳥居のある**登山口**に着く。

登山口から鳥居をくぐり、小沢に沿って桧林の中を15分ほど進むと鞍掛山神社への標識がある。右に入ると小滝があり、岩穴の中にご神体が祀られている。

登山道に戻り、少し登ると大岩への**分岐**に出る。左へ進み、杉林の中を登ると鎖が張られた急坂にさしかかる。鎖を頼りにすべりやすい道をあえぎながら登ること30分で頂上に続く尾根に出る。左に鞍掛山神社奥ノ院の祠がある。平坦な尾根を東に進むとまもなく3等三角点がある**鞍掛山**頂上だ。

頂上からさらに東へ5分ほど進み、**大岩**に出ると、宇都宮市街、古賀志山、日光《にっこう》連山、高原山《たかはらやま》、遠くには筑波山《つくばさん》などが見える。

下山は大岩から東へ岩まじりの

■鉄道・バス
往路・復路＝JR宇都宮駅西口バスターミナルから関東バスのろまんちっく村行きに乗り、約40分の新里町バス停で下車。

■マイカー
国道293号の「国本西小学校」の看板がある信号の交差点から西へ進む。登山口には整備された駐車場はない。登山口付近の林道脇や空き地に数台駐車できる。

■登山適期
新緑の4～5月、紅葉の10～11月がよい。

■アドバイス
▽鎖場では、雨中・雨後などはすべりやすいので、足ごしらえをしっかりした方が楽である。
▽道の駅うつのみやろまんちっく村に天然温泉の露天風呂がある。温泉で汗を流し、特産の地ビールを楽しめる。

■問合せ先
宇都宮市役所☎028・632・2222、関東バス宇都宮営業所☎028・647・1181

■2万5000分ノ1地形図
大谷

左：大岩からの展望はすばらしく、宇都宮、鹿沼方面が開け、日光連山、高原山、遠く筑波山が望める

右：大岩からは山腹のヤマザクラと新緑が美しい

急な尾根を下り鞍部に出る。一帯は春にはヤマザクラがみごと。鞍部から右の斜面を下り、往路の**分岐**に出て**登山口**に下り、往路を戻る。（上杉純夫）

CHECK POINT

1 林道から登山口を進み、案内板を左に見て弐の鳥居をくぐり、沢沿いに登る

2 登山道から右に入ると滝があり、左の岩穴に鞍掛山神社のご神体が祀られている

3 右大岩、左奥ノ院の分岐点。左に進む。復路は大岩からこの分岐点に下りてくる

4 手すり用の鎖が張られた急坂を登る。足場が悪くすべりやすい。30分ほどで尾根に出る

5 奥ノ院から平坦な尾根を東に進むと3等三角点の鞍掛山頂上。樹林に囲まれ展望はない

6 頂上から東に稜線を進むと大岩に出る。ハシゴ場があり、足もとに注意すること

49 ハイカーからクライマーまで人気のある岩の殿堂の山

古賀志山
こがしやま 583m

日帰り

歩行時間=6時間40分
歩行距離=14・0km

技術度 ■■□□□
体力度 ■■□□□

コース定数	=23
標高差	=424m
累積標高差	↗650m ↘650m

鹿沼市栃窪から望む古賀志山南面の全容

古賀志山は、宇都宮《うつのみや》市の北西部に位置し、標高こそ600メートルにおよばないが、いたるところに数十メートルの岩壁を有し、古くから関東でも有数のロッククライミングのゲレンデとして知られ、現在も多くのクライマーが集まってくる。登山ルートも鎖場やハシゴなど変化に富んでおり、ハイカーにも人気がある。ここでは赤《あか》川《がわ》ダムから中尾根を経由して主稜線を御岳山《おんたけさん》まで縦走し、丸太階段コースを下り、トリムコースを経て赤川ダムに戻るコースを紹介しよう。

森林公園入口バス停から交差点を横断し、西へ100メートルほど進み、右折して細野《ほその》街道を北に行く。古賀志山を正面に見ながら、中坪《なかつぼ》、細野の集落を経て1時間ほどでトイレもある**赤川ダム駐車場**に着く。ダム湖北側の舗装路を進む。左に釣り堀場への道を分けて直進し、細野ダム湖をすぎてあずまやのあるT字路を左折、橋を渡った

中尾根の登り口から急な斜面を登るとカタクリの群落が見られる

中尾根ではいたるところでヤシオツツジが見られる

■鉄道・バス
往路・復路=JR宇都宮駅西口から荒針経由鹿沼営業所行きの関東バスに乗り、森林公園入口バス停で下車する。所要30分。

■マイカー
国道293号から森林公園入口の交差点を森林公園方面に進む。赤川ダムには無料の大きな駐車場がある。

■登山適期
ヤシオツツジの開花時、新緑の4～5月、紅葉、冬枯れの11～12月。

■アドバイス
▽中尾根や古賀志山から御岳山への縦走ルートは、岩場が多く、慎重に行動すること。
▽古賀志山には多くのコースがあり、それぞれに趣がある。一般的な富士見峠へ上がる北コース、西から大日堂コース、滝コース、頂上へのダイレクトコース、垂直に近い岩場を鎖頼りに登る東稜コースなど。赤岩山から主稜線を鞍掛山に縦走するロングコースも楽しめる。
▽近年、上記以外の多くのルートが踏まれており、迷いこまないように注意したい。

■問合せ先
宇都宮市役所☎028・632・2222、関東バス宇都宮営業所☎028・647・1181

■2万5000分ノ1地形図
大谷・文挟

突き当たりが**中尾根の登り口**だ。

　急な尾根をジグザグに登り、カタクリの群落の斜面をすぎると尾根上に出る。岩場のある小ピークのアップダウンを繰り返し、ヤシオツツジが多い尾根を1時間30分ほど進むと主尾根とのジャンクションの**525メートルピーク**に着く。

　主尾根を南に縦走し、富士見《ふじみ》峠をすぎると、ひと登りで移動無線用鉄塔が立つ**古賀志山**山頂に着く。南側は展望が開け、関東平野を一望できる。

　山頂からは、さらに西へ岩尾根を越え、ハシゴを登ると**御岳山**である。日光《にっこう》連山の眺めがよい。

　御岳山から主尾根を戻り、途中の赤川ダムへの道標から丸太の階段を下ると舗装林道に出る。左に進み、サイクリングロードを横切ったあと、トリムコースをたどっていくと赤川ダムサイトだ。**駐車場**を経て往路により**森林公園入口バス停**に戻る。

（上杉純夫）

CHECK POINT

1 細野ダム湖をすぎ、あずまやから左に曲がって進むと中尾根の登り口にいたる

2 中尾根を登りつめ主尾根を縦走すると富士見峠に着く。古賀志山山頂まであとひと登り

3 古賀志山山頂は登山者でにぎわう。南方面は展望が広がる

4 御岳山山頂は展望がよく、北は日光連山、遠く富士山も望める

5 下山は丸太の階段が続く道を行く

6 トリムコースから下ると赤川ダムサイトに出る。歩いてきた古賀志山のルートが望める

50 山頂から太平洋を望む県境の山

焼森山・鶏足山

やけもりやま 423m
けいそくさん 431m

日帰り

歩行時間＝3時間55分
歩行距離＝8・9km

技術度 ■□□□□
体力度 ■□□□□

コース定数＝**16**	
標高差＝300m	
累積標高差	↗ 550m
	↘ 550m

焼森山さかがわ館付近より

遊歩道のミツマタ

鶏の鶏冠に似た鶏石

焼森山から続く尾根にある鶏足山は、栃木、茨城の県境にあり、弘法大師を祀る祠や修行を物語る岩がある。山頂からは太平洋が望め、焼森山麓のミツマタ群落は、3～4月に一面淡い黄色の花が咲き誇る。ここでは茂木町《もてぎまち》飯《いい》のいい里さかがわ館から焼森山を経由して鶏足山へ向かい、茂木町下小貫《しもこぬき》に下り、さかがわ館に戻るコースを歩こう。

いい里さかがわ館から、南東に焼森山を見ながら笠間《かさま》方面に向かい、最初の丁字路を左折して林道辰沢《たつざわ》線を行く。舗装された林道を道なりに上飯《かみいい》配水場をすぎて15分ほど先に進むと、林道と分かれ、登山道に入る。**焼森山登山口**の標識があり、「山頂まで１２００メートル」と記されている。

道なりに進み、小高いピークの手前を横切り、焼森山に向かって右に入る。いよいよ急な道となり、鶏足山への尾根を左に見ながら、稜線をはずさずに行く。**一の越**の標識をすぎると小さな岩稜の登りとなり、登りきると**こだま岩**だ。南方が開け眺望がよい。

ここからひと登りで**焼森山**の山頂に立つ。北東の尾根の先に鶏足山が望まれる。下の谷沿いにはミツマタ群生地もある。

山頂をあとに座禅岩《ざぜんいわ》を左に巻き、尾根を進む。下山路が分岐する**下小貫への分岐**をすぎ、城里町《しろさと》上赤沢《かみあかざわ》からの登山道が合流する鞍部からは防火帯の広い尾根道を登り、2等三角点の**南峰**に着く。地形図で「鶏足山」と記されている地点だ。ここから少し下り、登り返すと標識のある見晴らし台の**鶏足山北峰**山頂に登り着く。眺望がよく、日光《にっこう》、那須《なす》の山々、東には水戸《みと》の先に太平洋が広がる。

山頂の先を下ると護摩《ごま》焚石（護

■**鉄道・バス**

往路・復路＝真岡鐵道茂木駅が最寄りだが、バスの便はない。真岡鐵道益子駅からは、茨城交通東京行きのバスに乗り、茂木さかがわ館前バス停で下車するが本数は少ない。一般にはマイカーかタクシーを利用する。

■**マイカー**

北関東自動車道真岡ICから国道408号、121号、県道230号、10号などで約24キロ。茂木駅からは県道206号、1号などで約10・5キロ。いい里さかがわ館の駐車場が利用できる。下山口の焼森の里は路肩に数

摩壇石）、山名由来の鶏の鶏冠《とさか》に似た**鶏石**がある。下山は並柳へ向かう道もあるが、往路を戻り、**下小貫分岐**を左に下小貫へ下る。道ははっきりしており、桧林や、アカマツの混じる落葉広葉樹の道を進み、尾根と分かれると沢筋の平地に出る。このあたりは植栽されたヤマツツジも多い。付近一帯が**焼森の里**である。右に町道を5分ほど歩いて、県道宇都宮笠間線に出る。右に30分ほど歩けば**いい里さかがわ館**に戻る。

（仙石富英）

CHECK POINT

1 一の越の鞍部。この先は岩稜を登り下りする

2 樹林を抜けた頂上直下のこだま岩。眺望がよい

3 焼森山山頂。日光方面の展望がよい

4 地図上の鶏足山（431メートル、2等三角点）。展望はない

5 360度の展望の鶏足山山頂

6 妖精の森・ミツマタ群生地入口

台の駐車スペースがある。

■登山適期
年間を通して楽しめる。ミツマタが咲く3月中旬から4月中旬、その後のヤマツツジの咲く5月がよい。

■アドバイス
▽「いい里さかがわ館」は、県道宇都宮笠間線、益子町と笠間市のほぼ中間に位置し、広い駐車場、野菜の直売所、そばレストランがある。
▽ミツマタ群生地は、いい里さかがわ館から登山道の林道辰沢線を並柳まで行き、丁字路を右に曲がり、約1・1キロ先が駐車場（さかがわ館から約5・5キロ）。この先300メートルがミツマタ群生地の広場。
▽ミツマタ群生地の広場から南にのびる谷あいの道を沢沿いに15分ほど歩くと、正面に焼森山が現れ、右の尾根に取り付いて急登すると焼森山山頂に出る。この取付き点の100メートルほど手前沢の分岐を左に入れば、約15分で防火帯の尾根道に出て、左に行くと431メートルのピークである。

■問合せ先
茨城交通笠間営業所☎0296・72・0141、茂木町役場☎0285・63・1111、益子町役場☎0285・72・2111、真岡鐵道☎0285・84・2911、いい里さかがわ館☎0285・65・7555

■2万5000分ノ1地形図
中飯

51

尾根歩きを楽しむ芳賀郡の最高峰

雨巻山

あままきやま
533m

日帰り

歩行時間＝4時間5分
歩行距離＝7・5km

技術度

体力度

コース定数＝16	
標高差＝349m	
累積標高差	↗ 610m
	↘ 610m

大羽周辺からの雨巻山（中央奥）

雨巻山は県南東部の八溝《やみぞ》山地南部、茂木《もてぎ》町と益子《ましこ》町の境に位置している。益子県立自然公園内にあり、近年、ハイキングコースや登山者用の駐車場が整備され、多くのハイカーを迎えている。雨巻山にはいくつかのコースがあるが、大川戸《おおかわど》登山口の駐車場を起点にして、三登谷山《みつどやさん》から雨巻山を経て御《お》嶽山《たけさん》から駐車場に戻る尾根歩きのコースを紹介しよう。

大川戸駐車場から南に向かう林道を進み、道標にしたがって右に入る。尾根に取り付き、20分も登ると主尾根に出る。この尾根を登りつめて右に折れると、すぐにベンチのある**三登谷山**で、山頂の北側からは芳賀富士や高原山、那須の山々が展望できる。

少し先の展望コースを合わせると南面が開け、条件がよければ、筑波山《つくばさん》や富士山が遠望できる。尾根道を進み、途中で大川戸方面からの道を合わせ、2つほど小さなコブを越えると栗生《くりゅう》・雨巻山沢コースを合わせる**栗生分岐**だ。

先に進むと岩の下で道が分かれるが、左の階段の道を行く方が楽である。ここからほんの少し行くと広い**雨巻山**の山頂に着く。いくつかのベンチがあり、週末には多くのハイカーでにぎわう。東面が開け、水戸《みと》方面や仏頂山《ぶっちょうさん》など、八溝山地の山々を望むことができる。

山頂からは北に向かう尾根道を下る。453㍍峰を登りきると猪《しし》転《ころ》げ坂《ざか》の急下降が待っている。雨後や凍結時は要注意。次の峠を左に下ると駐車場への近道になっている。**峠**からピークを越えて大川戸方面への分岐を見送り、ひと登りすると**御嶽山**に着く。北面が開け、芳賀《はが》富士や八溝山地の山々が

■鉄道・バス
往路・復路＝バスの便がないので、真岡鉄道益子駅からタクシー利用となる。

■マイカー
北関東道真岡ICまたは桜川筑西ICから益子町大川戸の登山口へ。登山者専用の駐車場がある。真岡ICから約23・5㌔。

■登山適期
積雪量が少ないので一年中楽しめるが、新緑やカタクリ、ツツジ類の開花する春、広葉樹の色づく秋がよい。展望が楽しめる冬枯れの陽だまりハイクもおすすめだ。

■アドバイス
▽紹介コースの逆コースでも歩行時間にそれほど差がないので、どちらを選んでもよい。
▽足尾山沢コースは滑りやすく、雨後などは荒れていることもあるので、初心者は登りに利用した方がよい。雨巻山から下山する場合は、足尾山尾根コースを行くことも検討しよう。
▽雨巻山山頂へのコースはたくさんあるが、地元の愛好家によりコースが整備され、登山マップも作成されている。益子町のホームページからダウンロードできる。
▽山頂から南に3分ほど足をのばすと展望台やベンチがあり、近くにカタクリの群生地もある。
▽周辺には益子焼で知られる焼き物

CHECK POINT

大川戸にある登山者用駐車場。雨巻山登山の基点になる

三登谷山は北側の展望が開け、休憩ポイントである

雨巻山山頂。日曜、休日には登山者でにぎわう

猪転げ坂。一直線の道がジグザグ道に整備され、楽に下れる

御嶽山からは北面の展望が開ける。鎖場を下り、足尾山方面へ

沢沿いの道を下って出発点の大川戸駐車場へ

目の前に広がる。下山は鎖場を下って登り返すと足尾山《あしおさん》で、少し先を左折して沢を下り、清滝分岐を経て地蔵院分岐に着く。左の駐車場方面に向かい、**尾根コース分岐**で尾根を越え、沢沿いを下ると**大川戸駐車場**に戻る。

（小島守夫）

のほか、国指定重要文化財の西明寺や地蔵院などの観光スポットも多い。

■**問合せ先**

益子町役場☎0285・72・2111、益子町観光協会☎0285・70・1120、真岡鐵道益子駅☎0285・72・2511、益子タクシー☎0285・72・2134、新光タクシー☎0285・72・7700

■**2万5000分ノ1地形図**

羽黒・中飯

ミヤマシキミの花

登山道に咲くツリフネソウ

小島守夫

上杉純夫

仙石富英

●著者紹介

小島守夫（おじま・もりお）
1940年宮城県生まれ。15歳から山歩きをはじめ、南・北アルプス、アンデス、ヒマラヤなど国内外の登山を経験する。共著に『東京付近の山』（実業之日本社）、『日本の山1000』（山と溪谷社）などがある。2020年2月逝去。

上杉純夫（うえすぎ・すみお）
1946年福岡県生まれ。15歳から山登りをはじめ、国内はもとより、アラスカ、ヒマラヤ、ボルネオなど海外登山の経験もある。栃木県山岳・スポーツクライミング連盟顧問、日本スポーツ協会公認山岳コーチ2マスター、鹿児島大学桜岳会員、栃木県庁谷峰会員。

仙石富英（せんごく・とみひで）
1948年岩手県生まれ。ボーイスカウトで野外活動、山に親しみ、社会人になってからはオールラウンドな登山に励む。共著に『新日本山岳誌』（ナカニシヤ）がある。日本スポーツ協会公認山岳コーチ2マスター、栃木県生物多様性アドバイザー、栃木県山岳・スポーツクライミング連盟副会長、SUBARU宇都宮製作所山岳部OB。

■ほかに矢板岳友会および黒磯山岳会のみなさまに取材・執筆の協力をいただきました。

矢板岳友会（やいた・がくゆうかい）　矢板市に本拠を置く社会人山岳会。ハイキング、スキー、縦走、岩登り、沢登りなどを中心に、季節に応じたさまざまな登山活動を行っている。本書には会員の蓮實淳夫、齋藤常栄、久保周二、植木 孝、梅原 浩、倉俣勝輝が参加している。

黒磯山岳会（くろいそ・さんがくかい）　那須塩原市にある社会人山岳会。地元の那須山岳救助隊員として活動する会員も多い。本書には渡部逸郎（那須山岳救助隊長）が参加している。

分県登山ガイド08

栃木県の山

2018年7月1日 初版第1刷発行
2022年12月10日 初版第3刷発行

著　者 —— 小島守夫・上杉純夫・仙石富英
発行人 —— 川崎深雪
発行所 —— 株式会社 山と溪谷社
〒101-0051
東京都千代田区神田神保町1丁目105番地
https://www.yamakei.co.jp/

■乱丁・落丁、及び内容に関するお問合せ先
山と溪谷社自動応答サービス　TEL03-6744-1900
受付時間／11:00～16:00（土日、祝日を除く）
メールもご利用ください。
【乱丁・落丁】service@yamakei.co.jp
【内容】info@yamakei.co.jp

■書店・取次様からのご注文先
山と溪谷社受注センター
TEL048-458-3455　FAX048-421-0513
■書店・取次様からのご注文以外のお問合せ先
eigyo@yamakei.co.jp

印刷所 —— 大日本印刷株式会社
製本所 —— 株式会社明光社

ISBN978-4-635-02038-1

●編集
WALK CORPORATION
皆方久美子
●ブック・カバーデザイン
I.D.G.
● DTP
WALK DTP Systems
水谷イタル　三好啓子
● MAP
株式会社 千秋社

●乱丁、落丁などの不良品は送料小社負担でお取り替えいたします。
●定価はカバーに表示してあります。

■本書に掲載した地図は、国土地理院長の承認を得て、同院発行の数値地図（国土基本情報）電子国土基本図（地図情報）、数値地図（国土基本情報）電子国土基本図（地名情報）、数値地図（国土基本情報）基盤地図情報（数値標高モデル）及び数値地図（国土基本情報20万）を使用したものです。（承認番号　平30情使、第168号）
■各紹介コースの「コース定数」および「体力度のランク」については、鹿屋体育大学教授・山本正嘉さんの指導とアドバイスに基づいて算出したものです。
■本書に掲載した歩行距離、累積標高差の計算には、DAN杉本さん作製の「カシミール3D」を利用させていただきました。